KB142548

한국문화 그리고 문화적 혼종성

한국문화 그리고 문화적 혼종성

김효신 지음

문화재와 문화적 혼종성=줄다리기: 문화혼종성의 시각에서 본 제주 해녀와 일본의 아마/판소리와 오페라(Opera)/판소리에 나타난 오페라적 문화적 혼종성_김장문화_아리랑: 한국의 서정민요_한산 모시/살아 있는 인류 유산_한국의 매사냥/중동지역의 매사냥/유럽지역의 매사냥/미국의 매사냥/일본의 매사냥/중국의 매사냥/몽골의 매사냥 ‖ 일반 전통문화와 문화적 혼종성=탈춤의 문화적 혼종성_동아시아 탈극/한국가면극의 기원과 발전 과정/한국 가면극과 이탈리아의 코메디아 델 아르떼_한국의 전통악기와 외국의 전통악기: 가야금과 유사 악기들/거문고와 유사 악기들/해금과 유사 악기/대금과 유사 악기)과 동양 음양오행설 그리고 태극기_도자기 문화: 한국의 도자기 문화/중국의 도자기 문화/한국과 중국 도자기의 상관관계/일본의 도자기 문화/한국과 일본 도자기의 상관관계/한・중・일 도자기 문화의

경진출판

1. 문화적 혼종성이란 서로 다른 문화가 뒤섞이면서 다중적인 정체성을 가진 문화를 의미한다. 중심국의 문화가 주변국으로 전파될 때 주변국의 고유한 지역문화와 결합되어 중심국의 문화와 다른 새로운 문화 현상을 보이는 것이다. 다시 말해서, 문화 제국주의에서 주장하는 불평등한 정보의 종속화 과정이 아니라 지역 내에 존재하는 지역문화와 상호작용하면서 만들어내는 새로운 문화 현상을 의미한다. 여기서의 문화적 혼종성의 개념은 문화 제국주의에서 제기하는 문화적 동질성 개념과 비교되는 개념이다. 문화적 동질성은 강력한 중심국가의 문화가 주변국으로 전파되면서 주변국의 문화를 중심국의 문화 체계에 편입시켜 주변국 고유의 문화를 소멸시키고 전 세계적으로 동질적인 문화를 생산하고 소비하는 현상이다.

이러한 문화적 혼종성과 동질성의 의미를 이해하고 한국 전통문화 속에 내재된 문화적 혼종성의 특징들을 찾는 과정에서 우리 전통문화의 진면목을 보는 것은 의미 있는 일이다.

2. 우리는 흔히 한국 전통문화의 우수성에 대한 이야기를 종종

듣는다. 그런데 한국 전통문화의 우수성을 한국어 교육수업에서 무턱대고 이야기하는 것은 위험천만한 것이다. 우리가 아시아문화권에서 공유하고 있는 것이 의외로 많기 때문이다. 이러한 사실을 인정한다면 우리의 전통문화 속에서 찾아볼 필요가 있다. 우리의 문화를 알리는 수업을 할 경우에도 일정 부분 다른 동남아 나라들과 공유하는 부분이 있다면 그것들을 함께 알려야 하기 때문이다.

3. 늘 일방적으로 우리의 문화를 소개하고 우수성을 자랑하는 식이 아니라 문화적 혼종성이 공존함을 기본적으로 인정하고 우리의 문화적 특성을 설명하는 것이 보다 설득력 있고 교육적 가치를 드러내는 것이리라.

목차

제1장

한국문화와 문화적 혼종성,
그 이론과 실제

1. 한국문화 바라보기

한국문화의 기원과 뿌리를 찾는 것은 지극히 당연한 일이다. 이는 개인적인 차원이나 집단적 차원을 넘어 국가적 차원에서도 그런 노력과 시도의 정당성을 인정받을 수 있는 것이다. 특히 한국문화의 기원과 뿌리를 찾는 일은 정체성을 되찾고 민족적 긍지 및 심리적 안정을 위해서도 바람직한 일이다. 물론 한국문화의 기원과 뿌리를 찾겠다고 과거에 대한 지나친 집착과 환상 그리고 왜곡은 오히려 일종의 현실부정이거나 도피의 성향을 띨 수 있기에 경계해야 할 것이다. 요즘, 성경 「창세기」의 원형이라는 식으로 회자되는 김은수 번역의 『부도지』나, 우리 고대사뿐만이 아니라, 동양사의 전면적인 수정이 불가피하다고 주장하는 계연수의 『환단고기』 논란 등으로 야기된 충격적이고도 놀라운 사건들로 고대사에 대한 수수께끼 논쟁이 뜨겁다. 『환단고기』에 따르면 인류의 시조는 우리 민족이며, 고대에 이미 전 세계를 지배하고 모든 문명의 씨앗을 뿌렸다는 황당무계한 주장, 예수와 석가모니, 공자 등이 모두 우리 조상들이라고 하는 역사적 환상이야기들로 민족적 자부심을 부질없이 한껏 고취시키고 있다. 이러한 우리 민족 뿌리찾기라는 허울을 쓴 고대문화 찾기는 우리를 혼란에 빠지게 하고 더욱이 요즘 한껏 붐을 일으키고 있는 '한류'에 악영향을 주지나 않을까 우려된다.

'한류(韓流)'는 한국의 대중문화를 지칭하는 국제적 용어이다. 중국을 중심으로 국제사회에서 통용되기 시작한 한류는 한국문화가 갖고 있는 고유의 정체성과 우수성, 보편성이 모두 다 한 자리에 담겨 있다. 한국문화만의 독자성 때문에 그리고 중국의 한(漢)자와 소리 상으로 같아서 내용적으로 다른 나라 문화와 구별하기 위해 대한민국의 한(韓)을 쓰고, 자국 문화와 견주어 비교 우위에서 크게 영향을 미치기에 류(流)를 써서 한류의 국제적 용어가 탄생한 것이다. 한국드라마 〈별에서 온 그대〉의 폭발적인 인기가 중국대륙을 달구어놓았고, 김수현이라는 연예인은 이 드라마로 인해서 중국의 '욘사마'라는 별칭까지 얻었다. 일본에서 〈겨울연가〉로 배용준이 얻어낸 인기와 맞먹거나 그것을 능가한다는 이야기가 있다. 이 〈별에서 온 그대〉에서 특히 드라마 장면 중에 나오는 '치맥'이 중국의 음식문화를 뒤흔들어 놓을 정도로 위력이 대단했다는 후문은 인기 드라마의 힘을 새삼 다시 생각하게 한다. 한류의 대명사격인 K-POP이나 드라마 등이 한국문화를 알리고 소개하는 일등공신이라는 점을 생각하면 '치맥'문화는 무엇인가 다른 느낌으로 다가온다. "'치맥'문화가 한국문화이다"라고 말하면 누군가는 그렇다 할 것이고 누군가는 외래문화라고 할 것이다. 둘 다 맞다고 하는 것이 정답일 것이다. 치킨과 맥주는 외래에서 들어온 문화이지만 이제는 완벽한 음식궁합의 한국문화로 완전히 정착되어버린 혼종문화이기 때문이다. 〈별에서 온 그대〉라는 드라마 속의 '치맥'은 한국문화 속의 문화적 혼종성을 너무도 극명하게 잘 드러낸 '사건'이라고 할 수 있다.

21세기 들어 4차 산업혁명이 사회적 담론이 되면서 융복합적이고 창의적인 사고력이 중요시되고 있다. 학제 간 융합과 창의성은 기존 지식을 절대화하지 않는 사고의 유연성에서 비롯된다. 한국의 전통문화 역시 오랜 시간 동안 가깝게는 동북아시아 지역문화와 보다 넓게는 유라시아 대륙문화와 상호 교류하며 형성된 것이다. 그러므로 유라시아 대륙의 여러 민족 문화를 상호 비교해봄으로써 우리 전통문화의 순수성과 절대성을 넘어 문화의 다양성과 혼종성을 확인하는 과정은 중요하다. 이러한 과정을 통해 이 시대가 요구하는 사고의 유연성과 확장, 그리고 궁극적으로 창의적 사고력을 완성할 수 있을 것이다.

2. 문화적 혼종성 이론

2.1. 혼종성

문화는 오롯하게 단일할 수 있을까? 물론, 서로 영향을 주고받을 수 있는 지리적·지형학적 원인이 없을 경우 단일 문화가 계속 유지 계승될 수 있을 것이다. 동떨어진 존재로서의 섬이거나 지형적으로 다른 문화가 찾아오기 힘든 곳이라면 가능할 것이다. 적어도 오늘날의 교통이나 통신이 존재하지 않았던 시기라면 더욱 그러하다. 교통수단이나 통신수단의 발달이 있기 전에는 고유의 문화를 오롯하게 유지하고 간직할 수 있었으며, 다른 문화가 들어와 영향을 주고받더라도 진행 속도가 굉장히 느렸을 것이다. 문화의 기본을 이루는 언어문화 역시 예외는 아니다. 일찍이 종교개혁에 앞장섰던 독일의 마르틴 루터는 소위 근대의 언어학자들이 언어의 섞임 현상을 이야기하기 전에 일찌감치 "모든 언어는 혼합되어 있다"[1]라고 주장한 바 있다. 오늘날 '혼합 언어' 개념은 언어학에서 인정받고 있는 것이다. 구조주의를 통해서 문화의 큰 흐름을 다시금 생각하게 했던 클로드 레비-스트로스는 문화에 관한 정의를 "모든 문화는 뒤죽박죽의 결과이다."[2]라고 말하였고, 오리엔탈리즘에 대해서 전 세계적인 반향을 불러일으켰던 에드워드 사이드는 "모든 문화의 역사는 문화적 차용의 역사이다."[3]라고 문화에 대한 일견을 강조하였다.

레비-스트로스의 '뒤죽박죽'은 일찍이 서구의 16~17세기에 '혼합물'이나 '뒤범벅' 등과 더불어 일종의 무질서라는 부정적인 의미로 여겨졌던 것이다. 이러한 '혼합물'과 비슷한 역할을 하는 '융합(fusion)'이라는 표현이 있다. 이 '융합'은 금속 관련 용어였고, 핵물리학에서 기원했을 것으로 추정되는 단어이지만, "오늘날 음악에서부터 요리까지 포괄하는 다양한 맥락 속에서 인기리에 사용"[4]되고 있다. 이러한 융합 개념은 소위 미국을 일컬어 표현할 때 주로 쓰는 문화적 '용광로'를 떠오르게 한다. 고대 그리스의 작가 플루타르크(Plutarch, 46?~120)는 '혼합주의'라는 용어를 정치적 연대를 가리키는 맥락으로 처음 사용한 바 있다. 그러다가 17세기에 루터파 신학자인 칼릭스투스(G. Calixtus, 1586~1656)는 서로 다른 프로테스탄트 집단 통합 노력에 대해 개탄할 때 '혼합주의'라는 용어를 다시 사용했다. 이때 '혼합주의'는 종교적 혼란을 의미했다고 볼 수 있다. 이러한 '혼합주의'는 19세기 후반에 이르러서야 비로소 종교적 긍정적인 의미를 얻을 수 있었다.[5] 혼합물이나 혼합주의 그리고 융합보

---

1) 피터 버크, 강상우 역(2012), 『문화 혼종성: 뒤섞이고 유동하는 문화를 이해하기 위한 가이드』, 이음, 74쪽.
2) 피터 버크, 강상우 역(2012: 7).
3) 피터 버크, 강상우 역(2012).
4) 피터 버크, 강상우 역(2012: 74).

다 "'혼종성'이나 '혼혈'과 관련된 보다 더 생생한 식물적 혹은 생물학적 은유는 19세기와 20세기에 걸쳐 특히 많은 인기를 얻었다. 이는 '잡종'6)이나 '사생아' 같은 전통적인 욕설로부터 등장했으며, 다른 문화 간의 상호교류를 뜻하는 '타가수정(cross-fertilization)' 같은 유사어를 만들어냈다".7)

오늘날 '혼종성'은 탈식민주의 연구에서 자주 사용된다. 에드워드 사이드는 우리가 오늘날 처한 상황에 대해 다음과 같이 말하였다. "모든 문화들은 서로 관련되어 있다. (…중략…) 어떤 것도 단일하거나 순수하지 않으며, 모든 것은 혼종적이고 이질적이다."8)

2.2. 문화적 혼종성

문화적 혼종성이란 "서로 다른 문화가 뒤섞이면서" 문화가 "다중적인 정체성"9)을 가지는 것을 의미한다. "중심국의 문화가 주변국으로 전파될 때 주변국의 고유한 지역문화와 결합되어 중심국의 문화와 다른 새로운 문화 현상을 보이는 것"10)이다. 다시 말해서, "문화 제국주의에서 주장하는 불평등한 정보의 종속화 과정이 아니라 지역 내에 존재하는 지역문화와 상호작용하면서 만들어내는 새로운 문화 현상을 의미"11)한다. 문화의 혼종성은 "문화의 세계화 과정

---

5) 피터 버크, 강상우 역(2012: 77).
6) '혼종성(hybridity)'라는 말이 나온 '하이브리드(hybrid)'는 동물이나 식물의 잡종을 가리키는 말이다.
7) 피터 버크, 강상우 역(2012: 78).
8) 피터 버크, 강상우 역(2012: 81).
9) 유세경(2013), 『글로벌 커뮤니케이션』, 커뮤니케이션북스.
10) 이은주(2014), 「한류 흐름 속의 한국 전통 미술 역할에 대한 탐색적 연구」, 중앙대학교 석사논문.

에서 자연스럽게 발생하는 것이라는 주장과 초국가 미디어 기업들이 자신들의 문화를 세계로 확산시키기 위해 의도된 전략에 따라 만들어낸 것이라는 주장"12)이 있다. 여기서의 문화적 혼종성의 개념은 문화 제국주의에서 제기하는 문화적 동질성 개념과 비교되는 개념이다. 문화적 동질성은 "강력한 중심국가의 문화가 주변국으로 전파되면서 주변국의 문화를 중심국의 문화 체계에 편입시켜 주변국 고유의 문화를 소멸시키고 전 세계적으로 동질적인 문화를 생산하고 소비하는 현상"13)이다. 이에 반해 문화적 혼종성은 "커뮤니케이션 기술의 발달로 인해 전 세계를 대상으로 미디어 콘텐츠를 생산해 분배할 수 있게 됨에 따라 특정국가의 미디어 문화가 다른 지역으로 전파될 때 지역문화와 상호작용하면서 변형되어 나타나는 문화 현상"14)이다.

이러한 혼종성에 관한 이론적 자료를 우선 여기서 간단하게 정리하면 다음과 같다.

통합적으로 "혼종성이란 종종 무역과 정치적 권력의 불균형의 결과로서, 인종과 문화의 이질적인 요소들이 혼합된 일반적인 '현상'을 의미하며, 혼종화는 혼합되는 '과정'을 의미"한다. 그리고 여기서 '혼종'은 이러한 혼종화의 '결과'를 나타낸다.

혼종성이나 혼혈이 19세기 이후 20세기까지 특별히 많은 학자들의 관심을 끌었던 것은 종교 관련 분석과 지역 관련 학문적 분석 도구로 종종 사용되면서부터이다. 예를 들어 "프랑스 사회학자 로제

11) 유세경(2013).
12) 이은주(2014).
13) 가탁초(2015), 「중국 여성의 한국 드라마 수용에 관한 연구」, 한양대학교 석사논문.
14) 유세경(2013).

바스티드(Roser Bastide, 1898~1974)의 아프리카계 아메리카인의 종교 분석에서도 이종교배(métissage)와 상호침투(interpénétration)의 개념은 핵심적인 역할"을 수행하였음을 알 수 있다. 더욱이 '혼혈' 개념이 이종교배라는 직설적 의미와 '문화의 혼합'이라는 은유적 의미 둘 다 "가장 자주 사용된 곳은 스페인과 스페인계 아메리카 지역"이었다. '혼혈'이라는 말은 욕설로 쓰이기도 했고, 찬사의 표현으로 사용되기도 했으며, 무시할 수 없는 요긴한 학문적 분석 도구였음을 스페인계 인류학자, 작가 등의 자료에서 알 수 있다. 특히 "이종교배가 뭔가 새로운 것을 가져올 것이라고 믿었던 멕시코 출신의 다원주의자 팔라시오(V. R. Palacio, 1832~1896)는 메스티소가 미래의 인종이라고 주장"15)한 바 있다. 이러한 생각은 호세 바스콘셀로스와도 연관되고, 특히 아르헨티나 작가 레오폴도 루고네스(Leopoldo Lugoness, 1874~1938)와 리카르도 로하스(Ricardo Rojas, 1882~1957)는 두 사람 다 '혼혈'을 민족적 정체성 정의와 관련 지어 매우 중요한 것으로 여겼다는 점이다.

앞서 혼혈이 스페인계 작가나 학자들이 특별한 관심을 두었던 것을 생각한다면, 스페인과 동떨어진 지역에 해당되는 러시아이지만, 문학이론가 미하일 바흐친(Mikhail Bakhtin, 1895~1975) 역시도 문화 혼종성과 혼종화에 지대한 관심을 두었다는 점을 눈여겨볼 필요가 있다. 예를 들어 바흐친은 "16세기 풍자극인 『무명 인사들로부터의 편지』를 라틴어와 독일어의 '복잡하고 의도적인 언어적 혼동체'라고 묘사했고, 이를 언어들의 '상호조명'이라 칭한 현상을 실증하는 사례로 봤다. 바흐친에 따르면 이러한 상호조명은 르네상스 시대에

---

15) 피터 버크, 강상우 역(2012: 80).

절정에 달했고, 이는 그가 책 한 권을 모두 할애해 분석한 프랑수아 라블레의 작품에서 가장 명백하게 드러나듯이 문학적 혁신과 창조성을 자극하는 데 도움을 주었다. 혼종 개념은 바흐친의 사상에서 주요했던 두 가지 개념과 연결되어 있는데, 하나는 '이어성(異語性)'이고 다른 하나는 '다성성(多聲性)'이다. '이어성'은 단일 텍스트 내에서의 언어의 다양성을 의미하고, '다성성'은 도스토예스키 같은 소설가들이 차용한 다양한 목소리의 등장을 일컫는다".16)

바흐친은 모든 언어야말로 '혼종화'를 통해 진화하며, 이러한 언어적으로 혼합하는 보편적 성질을 '비의도적·무의식적 혼종화'라 부르고, 이와는 상반되게 "구체적인 언어 상황에서 개인이 어떤 특정한 목적을 위해 여러 계층의 언어를 섞어서 사용하는 것"을 '의도적·의식적 혼종화'라고 부른다. 바흐친에 의하면 비의도적 혼종화가 "두 사회적 언어의 불투명한 혼합을 의미하는 반면, '의도적 혼종화'는 두 언어의 갈등을 통해 하나의 사회적 언어가 다른 것을 '밝히는 것', 즉 저항적 언어의 '살아 있는 이미지'를 다른 언어의 영역에 '새기는 것'을 의미"한다. 바흐친은 혼종성을 문학 작품 속의 패러디와 아이러니한 문장들의 분석을 통해 예증한다.

바흐친이 언어와 문학 속의 혼종성을 말했다면, 이보다 혼종성에 대한 보편적인 개념 정의는 호미 바바(H. Bhabha)의 탈식민주의 이론과 비평 속에서 전개된다. 호미 바바는 혼종성을 양가성(ambivalence)과 밀접한 개념으로 설명한다. 바바는, "지배자의 허용과 금지라는 이중의 정책, 즉 '나를 닮아라. 그러나 같아서는 안 된다'라는 양가적 요구"에 피지배식민자는 지배자를 부분으로 닮을 수밖에 없으며,

---

16) 피터 버크, 강상우 역(2012: 81).

피지배자는 '부분적 모방'인 '흉내내기(mimicry)'를 통해 '혼종화'된다고 말한다. 그러나 바바는 이 '흉내내기'까지도 "지배자의 모범을 따르는 '모방(mimesis)'인 듯하지만 동시에 이를 우습게 만드는 '엉터리 흉내(mockery)'가 되는 전복의 전술로 이용될 수 있다"고 말한다. 즉, 혼종성은 "인지, 흉내, 조롱의 책략으로 식민지 권위를 위협하는 식민적 권위의 내용과 형식의 반환을 의미하며, 이러한 혼종성"은 "자아/타자, 내부/외부의 대칭과 이원성"을 구축하는 지배자의 법칙을 해체한다. "그것은 대립항 사이에 혼란의 씨를 뿌리면서 또한 대립항 사이에 존재하는 동시적 작용이다." 이런 식으로 "지배의 실천 속에서 지배자의 언어는 혼종적인 것, 즉 이도 저도 아닌 것이 된다." 바바의 후기 논문에서 자주 등장하는 "'차이', '제 3의 공간' 등은 혼종성에서 변화, 발전한 개념"이다.

그러나 맥클린턱(A. mcClintock)은 이러한 해체적 혼종성이 서구 중심적 역사의 '탈중심화' 주장임에도 불구하고 "비판 대상인 식민주의의 지배 주체였던 서양을 중심으로 세계 역사를 재-중심화"한다고 비판한다. 따라서 현대의 탈식민주의 이론은 해체적 혼종성과 함께 언술적인 책략을 통한, 중성적 모방이 아닌 비판적 모방의 의도적 혼종성의 필요성을 강조한다. 그러나 혼종성의 개념에 대해 "지구적인 것과 지역적인 것의 단순한 혼합물이라는 주장과 지구적인 것과 지역적인 것이 혼합되면서 혼합물의 차원을 넘어서 만들어내는 새로운 제3의 문화라는 시각이 공존"하고 있다. 이와부치 코이치(Iwabuchi Koichi, 2001)는 혼종성을 '서로 다른 문화가 뒤섞이면서 생기는 정체성의 이중성, 경계성, 중간성'을 의미한다고 밝히고 있으며, 김수정과 양은경(2006)은 문화적 혼종성을 '상이한 문화적 영역에 속한 요소들이 접촉이나 상호작용을 통해 문화 요소의 내용이나 형식의 혼합 및 변형으로 생성해내는 새로운 초문화적 양식 또는 실천이다'라고 설명하고 있다.

혼종성의 개념을 어떻게 정의하느냐에 따라 혼종성의 형성과정 역시 다르게 설명된다. 문화적 혼종성의 형성과정에 대해 크레디는 "초국적 자본이나 민족자본에 의해서 전 지구적으로 대중문화의 소비층을 확장하려는 의도로 기획된 문화생산 전략의 산물이라고 주장"17)했다. 즉, "커뮤니케이션 기술의 발달로 전 세계를 하나의 시장으로 하는 초국적 미디어 기업이나 자본이 등장했고, 이들은 경제적 이익을 극대화하기 위해" 미디어 시장을 자국 내로 국한할 것이 아니라 글로벌하게 확장시키는 전략을 사용했다. 이들이 글로벌하게 시장을 확장하기 위한 전략이 글로컬라이제이션(glocalization)이다.

글로컬라이제이션 전략은 글로벌 미디어나 초국적 자본들이 자신들이 생산한 미디어 콘텐츠나 서비스를 "전 세계 시장에 배급하면서 각 지역의 정서, 문화에 맞게" 지역화하는 전략을 말한다, 글로컬라이제이션의 주요 전략으로 공동제작·프로그램의 변용과 모방 등이 있고 이러한 과정을 통해 문화적 혼종성이 나타나게 된다. 예를 들어 브라질에서 제작한 '텔레노벨라'는 "미국의 일일연속극(soap opera) 형식을 빌려" 제작한 것으로 프로그램의 변용과 모방을 보여 주는 대표적인 사례다. 즉 '텔레노벨라'는 형식면에서는 "미국의 소프 오페라 드라마 포맷을 모방했지만", 내용면에서는 "변용을 꾀해 사랑과 불륜, 음모와 배신 등의 남미적인 내용"이 혼합된 혼종

17) Marwan M. Kraidy(2005), ***Hybridity or the cultural logic of globalization***, Philadelphia: Temple University Press.

적인 프로그램이라는 것이다.

특히 최근에는 "포맷 교역 프로그램에서 보여주는 혼종성"에 주목한다. 즉, 세계적으로 혹은 선진국에서 "성공한 프로그램의 포맷을 들여와 자국에서 새롭게 제작하는 것"이다. "프로그램의 형식은 외부의 것이지만 내용은 내부의 것으로 프로그램 원형과 다른 콘텐츠를 보여 주게 된다. 이러한 혼종성은 매우 다양하게 나타난다. 한국에서도 지상파와 케이블에서 〈1대 100〉, 〈프로젝트 런웨이 코리아(project runway korea)〉와 같은 포맷 교역 프로그램들이 제작, 방송되고 있는데, 박선이와 유세경(2009)은 대표적인 포맷 프로그램 중 하나인 네덜란드 엔데몰의 퀴즈쇼 〈Een tegen 100〉을 한국(〈1대100〉)과 미국(〈1 vs 100〉), 이탈리아(〈1 contro 100〉)의 버전과 비교 분석해 혼종성 개념을 설명"하고 있다. 이들의 연구 결과, 세 국가의 "포맷 교역 프로그램은 진행 방식과 시각적 영상 표현 등 형식면에서는 국제적 브랜드로 완성된 프랜차이즈 상품으로 확인되었으나, 내용면에서는 각국의 지역 특성이 프로그램에 반영되어 뚜렷한 혼종성"을 보여 주었다. 특히, 한국의 〈1대 100〉에서는 다른 두 국가와 달리 도전자의 인적 구성에서 연예인, 유명인의 지속적 출연을 보여 주었고, 상금을 공익 목적에 기부하도록 함으로써 공익성을 추구하고, 계몽성을 드러내어 한국 텔레비전 오락 프로그램의 고유한 제작 관행 특성을 보여줌으로써 혼종적인 프로그램의 사례라고 평가했다.

혼종적 문화는 "대부분 초국적 미디어 기업들이 자신들의 이익을 극대화하기 위해 추진해 왔다. 즉, 이들의 지역화 시장 전략이나 이익극대화를 위한 전략으로 개발된 경우가 대부분이며, 내부의 문화와 자율적으로 뒤섞여 만들어진 제3의 문화가 아니라는 비판"[18]이 많다.

그러나 〈와호장룡(臥虎藏龍: Crouching Tiger, Hidden Dragon)〉이나 〈쿵푸팬더(Kung Fu Panda)〉와 같이 할리우드 메이저 영화사들이 전 세계 시장을 노리고 동양 혹은 다양한 나라의 문화 요소들을 섞어서 만들어내는 혼종적 문화를 '단순히 초국적 미디어 기업의 시장 전략이라고 평가절하하는 것이 타당한가'에 대한 의견도 제기되고 있다. 혼종적 문화를 긍정적으로 평가하는 이들은 "초국적 미디어 기업들이 생산해내는 혼종적 문화들이 새로운 문화질서를 구축해 낼 가능성이 있다는 것이다. 특히 프로그램 포맷 교역이나 모방과 변용을 통해 동아시아, 남미 국가들에서 생산해내는 혼종적 문화는 기존의 미디어 권력지형을 바꿀 수 있다고 전망"[19]하기도 한다. 한류도 그 예가 될 수 있다. 케이팝(K-pop)의 경우 미국의 팝뮤직을 한국적으로 재생산한 음악으로 아시아 지역뿐만 아니라 팝의 고장인 미국과 영국, 프랑스 등에서도 인기를 얻기 시작하면서 새로운 문화의 시작 가능성을 갖고 있다.

3. 대한민국, 한국문화의 위치

영국의 역사학자 P. 앤더슨은 포스트모더니티에 관한 논의에서 "넘나드는 것, 혼종적인 것, 혼성적인 것"을 칭송하는 우리 시대의 경향을 묘사하고 있다. "갈수록 더 빈번해지고 강렬해지는 가지각색의 문화적 만남들로 특징지을 수 있는 우리 시대"에, 혼종성이라

18) 담홍월(2016), 「중국 내 한류문화의 수용에 관한 연구: 한국 영화와 드라마를 중심으로」, 한양대학교 석사논문.
19) 담홍월(2016).

는 주제에 대한 집중적인 논의는 당연한 것으로 귀결된다고 보아도 무방할 것이다. "문화적 전지구화의 결과는 논란의 여지가 있으며 여전히 논쟁 중"이다. 앞서 언급한 바 있는 문화 제국주의 이론에서 나온 문화적 동질화(cultural homogenization)라는 시나리오가 있는 반면에 또 이와 반대로 문화적 이질화(cultural heterogenization)의 시나리오를 제안하기도 한다. 오늘날 우리가 보고 듣고 경험하는 것들이 모두 "어떤 종류의 혼합체, 즉 경제적 전지구화에 의해 촉진되는 동시에 그 전지구화를 촉진하는 혼종화의 과정이라는 사실"을 부인할 수 없을 것이다. 전지구화적 경향은 피할 수 없는 현실이고 이는 "서양식 감자튀김에 인도식 커리 소스를 얹은 커리 앤 칩스부터 태국식 사우나, 동양의 선(禪)적 요소가 들어간 선-가톨릭 혹은 선-유대교, 나이지리아 쿵푸, 인도 몸바이(봄베이)에서 인도 전통의 노래와 춤을 할리우드적 관습과 혼합하여 제작한 '발리우드' 영화까지" 아우른다. 이러한 과정은 음악에서 특히 두드러지는데, 재즈, 레게, 살사부터 최근의 플라멩코 록, 아프로-켈틱 록에 이르는 혼종 형식 및 장르가 그 예이다. 이름 자체가 이러한 과정을 함축하고 있는 '믹서(mixer)'를 비롯한 새로운 기술은 명백하게 이러한 종류의 혼종화를 촉진시킨다.[20]

이러한 상황을 추론해 본다면, 세계 속의 작은 나라이며 "냉철하게 따지면 약소국으로서 오랜 세월 세계사에 공헌한 사실이 없"는 대한민국으로서는 이 과정에서 결코 벗어날 수 없는 것이다. "세계의 변방에 머무른 채 오로지 살아남기 위한 투쟁으로 몸부림쳐왔을 뿐"인 우리 한민족이다. "고조선 멸망 이후 고구려, 백제, 신라의

---

20) 피터 버크, 강상우 역(2012: 14).

삼국끼리 벌인 오랜 암투는 결국 오늘날 남북 간의 상호 반목과 영호남의 정치적 대립관계에 이르기까지 그 전통을 면면히 이어가고 있"[21]음에 주목한다면 미성숙한 나르시시즘적 환상과는 거리를 두게 된다.

나르시시즘은 "그리스 신화에서 호수에 비친 자기 모습을 사랑하며 그리워하다가 물에 빠져 죽어 수선화가 된 나르키소스(Narcissos)라는 미소년의 이름에서 유래"되었다. "프로이트(Freud)가 이 말을 정신분석학에서 자아의 중요성이 너무 과장되어 자기 자신을 너무 사랑하는 것을 지칭하는 용어로 사용하였다. 프로이트는 나르시시즘에 대해 자기 자신을 리비도의 대상으로 삼는 것이라고 하였으며, 인격적 장애의 일종"으로 보았다. 정신분석학자 이병욱은 한국에서의 우리 민족의 뿌리 찾기 운동과 관련하여 연구되고 사유의 중심으로 인용되는 『부도지(符都誌)』[22]와 『환단고기(桓檀古記)』[23]에

---

21) 이병욱(2013), 『정신분석으로 본 한국인과 한국문화: 우리 문화, 우리 자화상을 있는 그대로 보기』, 소울메이트, 101쪽.

22) 부도지(符都誌)는 신라 눌지왕 때 박제상이 저술했다는 사서인 『징심록』의 일부이다. 1953년에 그 후손인 박금(朴錦)이 그 내용을 발표함으로써 일반에 공개되었고, 1986년 번역본이 출간되어 널리 알려졌다. 조선시대에 김시습에 의해 번역되었고, 그 필사본이 보관되고 있었다고 하지만 확인할 수 없다. 현존하는 『부도지』의 내용은 원본의 내용을 연구했던 기억을 복원한 것이라고 한다. 현재 김은수 역으로 출판된 『부도지』에서 '부도'는 하늘의 뜻에 맞는 나라, 또는 그 나라의 서울이라는 뜻으로, 〈부도지〉는 1만 4천 년 전 파미르고원을 발원지로 펼쳐졌던 한민족의 상고문화를 다룬 책이다. 단군시대와 단군 이전의 환웅시대, 그 이전의 한인시대, 그 이전의 마고성시대의 역사를 담고 있다.

23) "일제강점기 초기에 계연수(桂延壽)가 편찬했다는 한국상고사를 서술한 역사책. 『환단고기』 범례에 의하면 평안북도 선천 출신의 계연수가 1911년에 『삼성기(三聖紀)』·『단군세기(檀君世紀)』·『북부여기(北夫餘紀)』·『태백일사(太白逸史)』 등 각기 다른 4권의 책을 하나로 묶은 다음 이기(李沂)의 감수를 받고 묘향산 단굴암에서 필사한 뒤 인쇄했다고 한다. 그런데 편저자인 계연수는 만주에서 독립운동을 하다가 1920년에 사망한 것으로 전해지고 있다. 이때 계연수는 다음 경신년(1980)에 『환단고기』를 세상에 공개하라는 말을 제자인 이유립(李裕岦)에게 남겼다"고 한다. 그래서인지 『환단고기』는 1979년 수십 부가 영인된 뒤 1982년 일본인 가시마(鹿島昇)가 일역(日譯)하고 원문을 게재한 것이 계기가 되어 세간에 본격적으로 소개되기 시작하였다.

대한 비판적 안목을 언급하면서 이와 같은 행태를 "미성숙한 나르시시즘적 의식 상태"라고 일컫고 있다. 또한 과거에 집착하고 "지나친 현실도피는 미래지향적이고 진취적인 기상을 가로막는다는 점에서 결코 바람직한 현상이라 할 수 없다"고 일침하고 있다. 이병욱은 "자신의 기원과 뿌리를 찾는 것은 지극히 당연"하다고 하면서, "개인 및 집단적 차원을 넘어 잘못된 역사를 바로잡는다는 국가적 차원에서도 그런 노력과 시도의 정당성을 인정받을 수 있"음을 인정하고 있다. 그리고 "자신의 정체성을 되찾고 우리 자신의 민족적 긍지 및 심리적 안정을 얻을 수 있다는 점에서도 실로 당연한 일"임을 받아들인다. 그런데 "우리의 과거에 대한 지나친 집착은 우리 자신의 미래에 대한 불안 및 열등감의 발로일 수 있"음을 역설하면서 그것은 과거뿐만 아니라 현실에 대한 좌절에서 비롯된 결과로 보이기도 하며, "과거와 미래에 대한 지나친 환상과 왜곡은 일종의 현실 부정이거나 도피이기 쉽다"[24]고 부질없는 무의식적 환상에서 벗어나도록 요구한다.

여기에 설득력 있는 역사학자 임재해의 「'고대에도 한류가 있었다': 민족 문화의 정체성 재인식」이라는 글은 보다 긍정적이고 희망적인 한국문화에 대한 재인식 자리를 마련한다. "인간은 누구나 두 가지 기본 모순을 지니고 있다"고 한다. 그 중 하나는 "자기 눈으로 자기 얼굴을 볼 수 없는 모순"으로, "눈이 얼굴에 붙어 있는 까닭에 구조적으로 자기 눈으로 자기 얼굴을 바라볼 수 없다"는 것이다. 이처럼, 임재해는 "자신의 태초 역사도 알지 못하는 한계를 지니고 있"음을 일깨운다. 또 다른 두 번째 모순은 "자기가 직접 겪은 최초

---

24) 이병욱(2013: 90).

의 경험이자 가장 충격적인 체험의 역사를 기억하지 못하는 것, 마치 기억상실증 환자처럼, 출생의 경험과 갓난아기 시절의 자기 역사를 전혀 기억하지 못한 채 사는 것"이다. 사람들은 자기를 보지 못하는 한계를 극복하기 위해 거울을 만들어냈다. 거울에 비친 모습을 통해 자기 모습을 자기 눈으로 확인하는 것이다. 인간들은 "자기 확인을 위해 끊임없이 더 나은 거울을 발명하고 역사적 사실을 다양한 방식으로 기록해 남기고자 했던 것"이다. 임재해는 우리 고대 문화 인식이 인간이 가진 두 가지 모순적 한계와 다르지 않음을 강조한다. 그러면서 한국인들에게 "고대 문화는 마치 잊혀 진 과거처럼 기억상실의 역사로 남아 있으며, 자기 얼굴을 볼 수 없는 모순처럼 우리 스스로 고대 문화의 민족적 독자성을 정확하게 포착하지 못하고 있"음을 환기시킨다. 또, "자기 경험의 역사를 자기 스스로 기억하지 못하고 자기 문화의 독자성을 자기 눈으로 읽어내지 못한 까닭에, 남의 눈으로 자기를 보고 남의 기억을 통해 자기 역사를 확인하는 것이 문제"라고 지적하면서, 더 심각한 것은 "타자의 눈과 기억이 아니라 그들의 의도된 진술과 왜곡된 해석이 자기 정체와 역사를 포착하는 준거가 될 때"[25]임을 강조하고 있다. 그는 일제강점기에 형성된 식민사관을 대대적으로 비판하고 사라져야 할 것임을 역설하고 있다.

임재해는 한국 문화의 정체성을 찾을 방법을 제시하고 있다. "거울에 비친 지금의 우리 문화를 통해 잃어버린 고대 문화의 모습까지 추론할 수 있는가 하면, 고대 문화를 통해 지금 우리 문화의 원형을 확인할 수 있다"고 말이다. 덧붙여서 오늘날 "다행히 국제사회는

---

25) 임재해 외(2007: 18).

우리 문화를 '한류(韓流, Korean Wave)'라는 이름으로 비추어주고 있"음을 언급하면서, "우리 스스로 읽지 못한 우리 문화를 그들은 '한류'로 포착해 되비추어주고 있는데, 이러한 현상을 거울 효과라고" 지칭하고 있다. 중국이 한국이 하기 앞서서 "그런 거울 노릇을 하면서 '한류'라는 신조어를 만들어 냈고, 이어서 동남아와 일본이 함께 거울 구실을 하고 있다"는 것이다. 이제는 "서구 세계까지 그런 거울 노릇을 하게 되어 그 영향은 미국과 남미까지 미치고 있다"는 논리이다.

임재해는 오늘날의 한류 열풍에 대해서 한반도 고대 문화의 뿌리를 제대로 포착하면 의외의 일도 놀랄 일도 아님을 단언한다. "우리 시대 한류의 뿌리는 고대 문화에 닿아 있을 뿐만 아니라, 당시에도 이웃나라에 영향을 주었다는 사실"을 말한다. 일찍이 신채호는 『조선 상고사』에서, "역사적 주체가 되려면 반드시 상속성과 보편성을 갖추어야 한다"고 했다. 이는 다시 말해서 "시간적으로 생명이 끊어지지 않는 지속성과 공간적으로 영향이 파급되는 보편성을 뜻하는 것이다. 시간적 지속성과 공간적 파급성을 근거로 우리 문화를 주목하게 되면, 현대의 한류는 고대 문화에서 비롯된 지속성의 결과"이자, 고대의 우리 문화도 현대의 한류 못지않게 이웃 여러 나라에 영향을 지대하게 끼칠 만한 보편성을 지니고 있었음을 알 수 있다. 따라서 "고대 문화의 정체성을 읽는 눈은 현대에서 고대로 또는 고대에서 현대로 통시적으로 오가는 동시에, 국내에서 국외로 또는 국외에서 국내로 공시적으로 가로지를 필요"가 있다.[26]

한반도의 고대 문화는 오늘의 한류나 다름없는 문화적 역량이 뚜

---

26) 임재해 외(2007: 22).

렷이 포착된다. 오늘의 한류를 자리매김한 것이 중국이듯이, "고대 문화의 경우에도 중국 쪽 사서의 기록과 발굴 보고서가 그 위상을 잘 보여주는 거울 구실"을 하고 있다. 임재해는 여기서 폭넓게 자료를 읽지 못하고 "자기 자신의 눈으로 읽으려들지 않는 까닭에 주체적 시선을 놓치고 있음"을 지적한다. 현재의 "한류를 비롯한 당대의 우리 문화를 읽는 눈길"이, 종속적 식민주의 시각이라서 한결같이 "외세 문화의 허울을 쓰고 있는 것처럼 읽히는 것"이다. 더욱이 자기 문화를 자기 눈으로 당당하게 읽지 못하고 언제나 외세 문화의 영향이나 종속으로 읽어야만 자기 문화의 정체성을 비로소 해명할 수 있는 지식인이야말로 '식민지 지식인'이며, 서구 대중문화를 따라하다가 어쩌다 성공한 것처럼 한류 열풍을 해석하거나, 자기 정체성을 잃고 타자를 따라하는 식민지 근성이라면서 현재 우리 문화의 특수성을 폄하하는 까닭이다. 다시 말해서 "지금의 한국의 문화는 서구 대중문화의 아류이자, 식민지 근성의 하나인 선진국 흉내내기의 결과로 나타난 현상"이라는 것이다. 따라서 한류에는 "한국 문화로서 정체성을 발견할 수 없으며, 한류라고 할 만한 진정한 알맹이가 들어 있지 않다는 것"이다. "서구 문화의 재가공이자 외래 대중문화의 매개 행위에 지나지 않는다는 해석"이다. 이는 주로 "국제사회의 문화를 비교 연구하거나 현실 문화를 논평하는 우리 시대 문화학자들의 해석"임을 임재해는 비판하고 있다.

그러면서 한반도의 "고대 문화를 해석하는 사학자나 고고학자들의 해석도 이와 다르지 않음"을 강변한다. 이 학자들 역시도 한반도 "고대 문화의 기원을 모두 알타이와 같은 시베리아 민족이나 중국에서 찾는 것"이다. 한술 더 떠서 아예 "지도자의 혈통까지 시베리아의 알타이족이나 몽골족"에서 끌어다 붙이기까지 한다. "몽골족에 우리 피가 흐르는 것"이나 문화 동질성의 흔적이 보이는 것은, 몽골이 이웃나라였을 뿐만 아니라, 고조선 시대에는 우리가 지배했던 지역이기 때문이다. 몽골은 고조선 후국인 부여족의 일부와 결합해 형성되었으며 부여와 고구려의 오랜 지배를 받았다. 신채호는 "몽골족도 조선족의 한 종족으로 서술"한다. 오늘날 "고조선의 문화 유적으로 알려진 내몽고 지역의 홍산 문화 유적이 이를 구체적으로 입증"한다.

그러므로 임재해는 다음과 같이 강력하게 주장한다. "북방 여러 민족의 문화에서 우리 문화가 비롯된 것이 아니라, 그들의 문화가 본래 우리 문화였다고 해석해야 한다. 왜냐하면 고대 우리 민족이 바로 거기서 살았기 때문이다. 고인돌과 요령식 동검의 분포, 복식사 자료, 역사적 기록 등을 고려하면 현재 북방 민족의 여러 지역들이 고조선의 영역에 포함"27)된다. 그리고 『후한서(後漢書)』〈동이열전〉과 『삼국지』〈오환선비동이전〉의 기록에 따르면, 한반도와 만주 지역에 있었던 "부여, 고구려, 읍루, 동옥저, 동예, 한 등 여러 나라 사람들을 토착민이라고 했다. 이 기록에 따르면, 우리 민족은 북방계나 남방계의 이주민으로 구성된 것이 아니라, 애당초 한반도와 만주 지역에 거주하던 토착민이라는 사실"을 알 수 있다.

한반도에서 고대 문화의 선진성을 드러내는 것들 중 하나가 청동기 시대의 무덤 양식인 고인돌이다. "고조선은 청동기 문화와 더불어 시작되었는데, 이 시기에 고인돌 문화도 등장"한다. 고조선 지역은 '고인돌 왕국'이라고 할 만큼 "세계적으로 고인돌이 가장 풍부하고 다양하며 시대적으로도 앞선다. 고인돌 하나만으로도 고조선 문

---

27) 임재해 외(2007: 24).

화의 질적 위상과 지리적 강역"까지 확정할 수 있을 정도라고 한다. 한반도에는 전세계 고인돌의 40퍼센트가 분포되어 있다. 더구나 고창, 화순, 강화 "세 지역의 고인돌 유적이 한꺼번에 유네스코 세계 문화 유산으로 지정된 것은 세계적으로 유래가 없는 일"이다. 청동기 문화도 고인돌 못지않게 우뚝하다. "고조선의 청동기는 중국의 황하 유역보다 시대적으로 앞설 뿐만 아니라, 아연을 이용한 청동기의 합금 기술이 빼어났다." 이른바 비파형 동검이라고 일컫는 요령식 동검이 결정적인 자료이다.

　청동기가 앞섰으니 철기도 중국에 앞섰다. 그래서 "고조선의 무기와 모직물 등이 중국으로 수출되고 고조선 갑옷이 중국에 영향을 미친 사실도 같은 맥락에서 재인식될 필요"가 있다. 고조선의 무기와 갑옷이 동북아시아 지역에서 가장 앞섰다는 것은 문화적 수준과 발달한 합금 기술은 물론 국력의 상대적 우위를 말해주는 것이다.

　"상고시대에 우리 민족은 중국으로부터 동이족으로 일컬어졌는데, 그들의 기록에 따르면 동이족은 여러 모로 문화가 앞선 것"으로 나타나 있다. "공자도 동이에서 살고 싶어했다"는 기록도 있고 "동이는 모두 토착민으로, 술 마시고 노래하고 춤추기를 즐기며 머리에는 변(弁)이라는 모자를 쓰고 비단옷을 입었다"고 했으며, 중국이 "예(禮)를 잃으면 동이에서 구했다"는 기록 역시 볼 수 있다. 이 말은 『삼국지』의 『위서』〈동이전〉에 나오는 말로서 "'조두(俎豆)'라고 하는 굽이 있는 제의용 나무그릇을 사용해 예를 지켰으므로 중국에서 예(禮)를 잃으면 동이에서 구한다"고 한 것이다. "그릇 사용이 예절의 보기가 될 정도였다. 후대의 '동방예의지국'이라는 민족 문화의 규정이 여기서부터 뿌리를 이룬다."

　"중국 사람들이 동이족의 문화적 정체성으로 기록해둔 '예악'의 전통은 시대에 따라 다르게 전승되었다. 고려조까지는 예악 가운데 '악'이 '예'보다 성했다면, 조선조에는 '예'가 '악'보다 성했다. 고려조의 '악'은 고려가요에서 잘 드러난다. 조선조 선비들은 '악'을 누르고 '예'를 떠받들었다. 이들은 고려가요를 '남녀상열지사'로 규정해 걸러냈다. 자연히 조선조 이후에 '악'은 광대가 하는 천박한 짓으로 취급되었다. 조선조의 규범에 따라 최근 한 세대 전까지 가무악을 즐기는 사람은 광대나 딴따라로 폄하되었다. 그러나 고대는 달랐다. 동이족 풍속을 다룬 모든 기록에는 가무를 즐겼다고 거듭 밝히고 있다. 마치 오늘날의 한류를 묘사한 기록과 다르지 않다."[28]

임재해는 동아시아 세 나라 문화에 대해서 "아시아의 지평 속에서 보면, 한국은 고대에, 중국은 중세에, 일본은 근대에 각각 그 문화가 우뚝했"음을 강조하고 있다. 그리고는 이어서 "고대에는 한국이 중국과 일본에, 중세에는 중국이 한국과 일본에, 근대에는 일본이 한국과 중국에 각각 문화적 영향을 주었"으며, "문화사적 전개 속에서 세 나라는 제각기 다른 시기에 문화적 우위를 점유하며 서로 영향을 주고받았다"[29]고 정리하고 있다. 그러면서 "백범 김구 선생이 소원하던 '문화 강국'의 꿈을 실현하기 위해서라도 잃어버린 우리 문화의 본디 모습을 되찾고 고대부터 지속된 신명풀이 해방 문화의 유전자를 민족적 창조력으로 활성화해야 할 것"임을 역설하고 있다.

임재해의 「'고대에도 한류가 있었다': 민족 문화의 정체성 재인식」이라는 글을 통해서 한국문화에 대한 위치, 민족 문화의 정체성에

---

28) 임재해 외(2007: 48).
29) 임재해 외(2007: 99).

대해서 역사적으로 올바르게 재인식할 수 있는 계기가 되었다. 그런데 여기서 주목해야 할 것은 임재해 자신의 글쓰기 의도와 상관없이 이미 고대에서부터 문화적 혼종성이 상존했음을 인정하지 않을 수 없다는 점이다. 그리하여 임재해 스스로 "고대처럼 이웃나라와 자유롭게 교류하며 무상으로 문화를 공유하는 대안"을 말하고, 또 "중세처럼 동아시아 문명권의 공농 문화 자산으로 한류를 가지고 가는 길을 모색하는 것"으로 결론을 내고 있는 것이다. 이미 '공유'와 '공동 문화 자산'에는 문화의 혼종화가 전제되고 있는 것이기 때문이다.

임재해의 '공유'와 '공동 문화 자산'에 대한 제안 역시도 20세기 후반에 들어서 '차용'이라는 용어가 보다 긍정적인 의미를 획득한 것과 무관하지 않다. 프랑스 역사학자 페르낭 브로델(Fernand Braudel, 1902~1985)에 따르면, "문화가 살아남기 위해서는 주거니 받거니 하며 빌려주고 또 차용할 수 있는 것"이 필수적이다. 이미 앞에서 이야기 한 바 있듯이 에드워드 사이드 역시 "모든 문화의 역사가 문화 차용의 역사"라고 선언했다. 또한 언어학자들에게 '차용'은 오랫동안 중립적이고 기술적인 용어였다. '문화 교류'라는 표현은 이미 20세기 초에 독일 학자 아비 바르부르크의 작업에서 사용된 적이 있지만, 최근에 들어서야 보편적으로 사용되기 시작했다.

고대에 행해진 문화 교류를 통해서 당시 '한류'라는 은유적 표현으로 문화적 우위를 차지했던 '인기 상품들'이나 '인기 문화'가 이미 문화적 혼종성을 갖고 있던 갖고 있지 않던 간에 다른 나라에 영향을 주었고, 이 사건만으로도 충분히 문화적 혼종성을 유발시키는 계기가 되었으리라고 본다. 한국문화의 정체성과 보편성을 입증할 만한 자료들을 임재해의 「고대에도 한류가 있었다」라는 글을 통해

서 살펴볼 수 있었고, 임재해의 글 곳곳에서 문화적 혼종성을 읽을
수 있는 부분들을 정리하고 살펴볼 수 있었다.

제**2**장

유네스코 무형문화재와 문화적 혼종성

1. 줄다리기(Tugging Rituals and Games)

한국 무형유산 중에는 18번째, 다른 나라와 공동 등재한 무형유산으로는 매사냥에 이어 2번째다. 세계무형유산위원회는 줄다리기가 동아시아와 동남아시아의 벼농사 문화권에서 풍작을 기원하고 공동체 의식을 형성하는 역할을 담당했다는 문화적 가치를 인정했다. 줄다리기의 경우 한국·필리핀·베트남·캄보디아와 함께 2015 유네스코 인류무형문화재에 공동등재 되었다. 각 나라마다 줄다리기에 대한 문화적 특수성과 함께 줄다리기의 함축적 의미가 4개국 모두 벼농사 문화권에서 발달하여 옛 조상들의 지혜와 간절한 기원을 담고 있다는 점에서 주목할 만하다. 여기서의 줄다리기는 우리가 경쟁하여 이겨야만 하는 줄다리기와는 근본적으로 다르다고 할 수 있다. 다시 말해서 단순히 각 양 팀이 줄을 당겨 승부를 겨루는 데에만 연연하는 것이 아니라는 점이 스포츠로서의 줄다리기와 차별화되는 것이다. 2015 유네스코 인류무형문화재에 공동등재의 결실로 세계의 주목을 받은 줄다리기의 진정한 가치는 각 나라의 공동체적 화합과 협동을 이루게 하는 매개체로 작용하였다는 점이다.

동양과 서양의 줄다리기는 그 출발에서부터 현격한 차이를 보인다. 우선 동양의 줄다리기는 "벼 재배 권에서 농경의 풍흉을 점치고 풍요를 기원하는 의식"에서 출발하였다. 반면에 서양의 줄다리기는 "체력 단련의 목적을 가지며 성벽을 여는 전통에서 출발하여 군사 훈련의 역할을 담당하였으며 나중에 스포츠로 발전"하였다.

서양의 줄다리기의 경우 16세기에서 17세기에 걸쳐 운동경기로 발전하였다. 특히 20세기 초에는 1900년~1920년 사이에 올림픽 정식 종목으로 채택되기도 하였다. 스포츠로서의 줄다리기는 "8명의 선수가 주심의 신호와 함께 일제히 넘어지는 자세를 취해 마찰력의 계수를 최고로 크게 하고 상대방의 중심을 흩뜨려 2m를 먼저 끌고 오면 승부가 나는 게임"[1]이다. 바로 아래의 사진은 "1904년 세인트 루이스 올림픽의 줄다리기 경기 모습"이다.

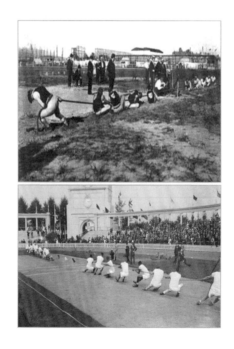

---

1) 유네스코와 무형문화유산, 아시아의 다양한 줄다리기 www.ichcap.org

　서양의 줄다리기가 체력, 기술, 경쟁을 중심으로 하고 있는 반면, 동양의 줄다리기는 단결, 화합, 공동체를 중시하는 것이다.

　필리핀 푸눅(Punnuk), 베트남 깨오꼬(Kéo co), 캄보디아 테안 프롯 (ការទាញព្រ័ត្រ) 등은 한국의 줄다리기와 유사한 동양권의 줄다리 기 문화를 보여준다. 이렇게 네 나라가 유네스코 무형문화재에 동 시 등재된 것을 보면 우리의 전통적인 문화로서의 줄다리기가 한국 에만 국한된 것이 아닌 동양 문화 속에 혼재되어 있는 모습을 보여 주는 것이다. 다시 말해서 한국의 줄다리기는 필리핀, 베트남, 캄보 디아와의 문화 혼종성을 보여주고 있는 것이다.

　필리핀의 줄다리기 '푸눅'의 의례와 놀이는 전통 의상 차림으로 흐르는 강물에서 벌이는 것이 특징이다. '푸눅'은 공식적으로 농경 주기의 마무리를 알리는 것과 동시에 다시 새로운 농경주기가 시작 됨을 알리는 것이다. 정지되어 있는 땅 위에서 행하지 않고 굳이 "흐르는 강물"에서 이 줄다리기를 행하는 것은 "개개인의 과오와 불운을 물에 떠내려 보낸다는 의미를 함축"[2]한다고 한다.

---

2) 같은 글.

　'푸눅'은 신들에게 수확에 대한 감사와 1년간의 지속적인 축복을 바라는 공동체 기원을 구현하는 행사로서 연장자의 인솔에 따라 진행된다. 필리핀에서는 주로 남성만 참여하며 아토바 나무 묘목으로 된 줄을 사용한다. 키니악(맨 위 사진)의 역할은 줄다리기의 중심점을 가리킨다. 경기가 시작되기 전에 키니악을 강 가운데에 놓아서 그 중심점을 만든다. 경기가 진행이 되면서 키니악을 자신의 팀의 강둑으로 보다 가까이 당기는 집단이 시합의 승자가 된다. 바로 아래 사진이 키니악을 당기는 모습이다. 경기가 끝난 후에는 당기고자 애썼던 그 키니악을 강물에 떠나보낸다.

베트남의 줄다리기 '께오꼬'는 어원적으로 태양을 상징한다. '께오꼬'는 나무통에 구멍을 내 그 사이에 줄을 넣고 벌이는 것이 특징이다. 흔히 마을에서 봄 축제의 일환으로 연행되며 새로운 농경 주기의 시작을 의미하고 풍년을 기원하는 행사로 알려져 있다. '께오꼬'에 사용되는 줄의 재료는 각 공동체의 생태학적 환경과 문화적 맥락을 반영하여 대나무, 등나무 줄기, 삼 등을 이용해 만들기 때문에 지역마다 다르다고 볼 수 있다. 줄다리기 하는 양 편의 숫자를 동일하게 맞추고, 집에 슬픈 일이나 초상이 없는 사람, 남성만 참여 가능하다. 베트남 '께오꼬'의 경우 아래 사진에서 볼 수 있듯이 중간의 말뚝을 통해 힘을 더 배가시킨다. 일부 지역에서는 줄다리기가 끝이 난 후 끊어진 줄을 땅에 묻고 그곳을 신성하게 여기는 풍습이 존재한다.

캄보디아의 줄다리기 '테안 프롯'은 창조를 상징한다. '테안 프롯'은 보통 여성, 남성 두개의 팀으로 나뉘어 넝쿨이나 소가죽으로 된 줄의 양쪽 끝을 서로 잡아당기면서 힘겨루기를 하는 것이 특징이

다. 해마다 4월 중순 사흘 동안의 새해 휴일 전후 전국에서 행해지는 중요한 의례놀이의 하나이다. 여자가 이겨야 좋은 일로 간주하기 때문에 여성 팀의 숫자가 대개 많이 이루어진다. 아래 왼 쪽 사진은 '캄보디아 앙코르와트 사원에 새겨진 줄다리기'의 모습이다.3)

캄보디아의 '테안 프롯'은 새해 농사의 시작을 알리는 동시에 적절한 비를 기원하고, 완전한 사회와 시간의 질서를 여는 의식이다. 참가자들은 사악한 기운을 물리치고자 '헤오위(heouy)'를 세 번 외친 후 각 팀은 밧줄을 잡아당기기 시작한다. '테안 프롯' 놀이가 다 끝나면 승리한 팀이 패한 팀에게 달려가 패한 팀의 몸에 그들의 엉덩이를 부딪치는 관습이 존재한다. 다음의 사진(왼쪽)은 "11세기에 축조된 에크 프놈 사원의 상인방으로서 신과 악마들의 당기는 동작을 묘사"하고 있다. 그 다음 사진(오른쪽)은 "12세기에 축조된 벵 메아레아 사원의 상인방"4)이다.

---

3) 같은 글.
4) 같은 글.

　　한국의 줄다리기는 여러 사람이 편을 둘로 갈라서 줄을 마주 잡아
당기며 줄을 끌어당긴 쪽이 이기는 것으로 승부를 겨루는 민속놀이의
하나이다. "줄다리기에 쓰는 줄은 대개 암줄(雌索)과 숫줄(雄索)로 되어
있고, 특히 암줄과 숫줄의 머리 부분은 남녀의 성기(性器)를 상징"하고
있다. 즉 "암줄은 둥근 고리로 되어 있고, 숫줄은 길쭉하여 숫줄을
암줄에 꿰어 빠지지 않도록 단단히 잡아매든가 고리 속으로 나무토막
을 꽂아 놓든가 한다. 양쪽 줄은 다 같이 몸체가 몇 아름이나 되는
굵은 줄이며, 그 몸체에 여러 갈래로 가는 줄이 매어져 있고, 끝으로
갈수록 가늘고 작아진다."5) 줄은 볏짚이나 삼 등의 새끼로 꼬아 만들
지만 칡으로 만드는 지방도 있다. 한국의 민속놀이 줄다리기는 보통
음력 정월 대보름에 행해지며, 단오나 음력 8월의 추석에도 행해진다.
이 놀이는 전국적으로 보급된 단체놀이로 특히 남한지역에서 성행하
였다. 또 줄다리기는 체육 경기라고 할 수 있으나 예로부터 그 목적하
는 바는 민간 신앙과 연결되어 있다. 요컨대 "정초의 한가함을 이용하
여 동네의 남녀노소가 한자리에 모여 힘을 겨루며" 즐기기도 하지만,
그보다 더 중요하게 생각했던 것은 바로 "승패에 따라 그 해 농사의

---

5) 위키백과, 줄다리기.

풍흉을 점치는 데에도 큰 의미가 있다"6)는 것이다. 원래 "줄다리기는 대개 동부와 서부의 양편으로 갈리고 동부는 숫줄, 서부는 암줄을 만드는 것이 상례이며, 양편 줄의 머리 부분 모양은 천지·음양·양극(兩極)·남녀를 상징한 것"이다. 그리고 "두 줄을 합쳐 힘을 겨루는 것은 또한 남녀의 교합과 화합을 의미하고, 여기에서 농사의 풍양(豊穰), 즉 '풍년이 들어 곡식이 잘 여묾'을 연역해 낸 것 같다. 줄다리기를 할 때는 남녀노소가 모두 참석하여 줄을 당기며, 부녀자들은 무게감을 더 주기 위해서 돌을 안고 매어달리기도"7) 한다. 남녀별로 편을 가를 때 특히 여성 편에는 여성뿐만 아니라 미혼의 남성들도 포함된다. 지역별로 편을 가르는 경우에는 "동-서, 남-북, 상-하" 등의 기준에 따라 나누는 것이 보통이다. 남녀별 편 구성 방식은 대부분의 '외줄다리기'와 호남 및 경기 일원의 '쌍줄다리기'에서 나타나며, 그 밖의 경우에는 지역별로 편을 구성한다. 이리하여 "동부가 이기면 풍년이 들고 서부가 이기면 만선(滿船)이 된다."8)라고 믿어 왔다.

한국의 줄다리기는 주로 한반도 남부에서 전승되고 있다. 보통 마을 전체가 볏짚을 꼬아 새끼줄을 만든 후, 마을을 수상(水上·육지 방향)과 수하(水下·바다 방향)로 나눠 줄다리기를 한다. 여성, 다산을 상징하는 바다 쪽이 이겨야 풍년이 든다는 미신이 있어 보통 바다 쪽의 승리로 끝나고, 풍년을 기원하는 행사로서 의미가 크다. 줄다리기가 끝난 뒤 새끼줄을 잘라 집으로 가져가면 오래 앓던 병이 낫고 배에 실으면 만선이 된다고 전해져 왔다. 현재 전승되고 있는 줄다리기 중에는 국가지정무형문화재로 경남 창녕군의 영산줄다리

---

6) 민속놀이 중 31. 줄다리기편[beryu1.blog.me]
7) 같은 글.
8) 위키백과, 줄다리기.

기와 충남 당진시의 기지시줄다리기, 시·도무형문화재로 강원 삼척시 삼척기줄다리기, 경남 밀양시 감내게줄당기기, 의령군 의령큰줄땡기기, 남해군 남해선구줄끗기가 있다. 특히 영산줄다리기와 기지시줄다리기는 줄의 단면 지름이 1m가 넘는 대형 줄다리기로 매년 민속축제가 열리고 있다.

2. 제주해녀문화(Culture of Jeju Haenyeo-Women Divers)

"척박한 절해고도의 섬에서 생명을 키워낸 모든 제주인의 어머니 '제주해녀'. 한때는 천시 받는 직업으로 취급 받았지만, 그녀들의 고된 노동과 희생이 있었기에 공동체는 유지될 수 있었다. 오랜 시간이 지나 제주해녀의 소중한 가치를 전 세계가 인정하는 날이 왔다. 인류가 공감할 만한 위대한 문화유산의 하나로 '제주해녀문화'가 선정됐다."9)

한국의 '제주해녀문화'가 2016년 11월 30일 에티오피아 아디스아 바바에서 열린 제11차 유네스코 무형유산위원회 회의에서 인류무형문화유산으로 공식 등재된 것은 2014년 3월 등재 신청 후 2년 8개월 만에 결실을 이룬 것이다. 이는 한국의 제주 해녀문화가 유네스코 인류무형유산으로서의 가치를 세계적으로 인정받은 것이다.

여기서의 '해녀'는 "제주도, 부산, 남해연안 또는 동해연안, 드물게는 일본, 동남아시아, 러시아 등에서 잠수하여 해산물을 채취하는 여자들을 뜻하는 말이다. 잠녀(潛女)·잠수(潛嫂)라고도 한다. 해녀들은 특별한 장치가 없는 나잠어법(裸潛漁法)으로 제1종 공동어장인 수심10m 이내의 얕은 바다에서 소라·전복·미역·톳·우뭇가사리 등을 채취하며, 가끔 작살로 물고기를 잡기도 한다. 해녀는 한국과 일본에만 분포되어 있다. 한국의 해녀는 한반도 각해안과 여러 섬에 흩어져 있지만, 그 대부분이 제주도에 몰려 있다. 한국의 해녀 수는 약 2만 명으로 추산되며, 거의 모두가 제주도 해녀들이다. 해녀의 발상지는 제주도로 보이며, 그 기원은 자연발생적인 생업수단의 하나로 비롯되었으리라 추측된다. 해녀들에게 특수한 혈통이 있는 것은 아니고, 오직 어렸을 때부터의 수련에 의하여 그 기량을 배워 익혀서 어로 작업을 한다. 어려서부터 바다에서 헤엄치기와 무자맥질을 배우다가 15~16세에 이르면 독립된 해녀가 되는데, 해녀 생활은 대체로 60세 전후까지 이어진다. 채취물의 금채기(禁採期)가 풀릴 때에는 70고령의 노파들도 며칠 동안 작업하는 경우가 있다. 기량의 숙달 정도에 따라 해녀에는 상군(上軍)·중군(中軍)·하군(下軍)의 계층이 있다. 해녀들은 대부분 농사일을 겸하고 있어서 물질만을 전업으로 하는 경우는 드물다. 농사일을 치르는 사이에 물때에 맞

---

9) 2016년 12월 1일 프레시안=제주의 소리 교류 기사.

추어 바다로 나가 물질을 하므로, 이들의 밭은 뭍과 바다에 걸쳐 있는 셈이다. 따라서 해녀들은 밭일과 물질을 한나절씩 치르는 경우가 흔하다. 해녀작업은 봄에서 가을까지, 특히 한 여름철에 성행하지만 추운 겨울에도 물질을 하는 해녀들이 많다.

해녀들은 바다 속에 무자맥질하여 보통 수심5m에서 30초쯤 작업하다가 물 위에 뜨곤 하지만, 필요한 경우에는 수심20m까지 들어가고 2분 이상 물속에서 견디기도 한다. 물 위에 솟을 때마다 "호오이" 하면서 한꺼번에 막혔던 숨을 몰아쉬는 소리가 이색적인데, 이 과도환기작용(過度換氣作用)을 '숨비소리'·'숨비질소리' 또는 '솜비소리'·'솜비질소리'라 한다. 바다 속에 들어가기 전에 일종의 '액막이'로 바다에 술을 뿌린다. 바다에 술을 뿌리는 행위에서 우리가 관심을 가져야 할 것은 왜 하필이면 '술'이냐는 것이다. 술을 바다에 뿌리는 것은 하나의 미신과도 같다. 술을 뿌리는 행위는 제사나 제물을 바친다는 행위로 간주된다. 기본 의도는 술로 신을 위로하고 흥을 돋우어 인간을 보살펴 달라는 것이다. 또한 술은 매개체 역할을 한다. 술은 인간과 인간의 관계를 연결하는 구실을 할뿐만이 아니라 신과 인간을 연결하는 구실도 한다.

여기서 우선 해녀의 역사를 간단하게 살펴보자. 토양과 기후 등 농사짓기에 적합하지 않은 척박한 자연환경 탓에 제주 사람들은 바다를 가까이 했다. 제주 해녀의 역사는 해녀, '잠수[줌수]'와 '잠녀[줌녀]'라고 불리며 시작되었다. 제주 해녀의 존재는 '삼국사기' 고구려본기 문자왕 13년(503년)에 처음 기재된 것으로 나온다. 여러 정사에서 잠녀는 '진주 캐는 사람'으로 묘사된다. 제주 해녀의 경우 주로 '녀'라 불렸으며, 조선시대 고문헌에는 '잠녀'로 기록되어 있다. 조선시대부터는 제주 해녀의 성별 분업이 이루어지고 있다. 남성들은 '포작' 여성들은 '잠녀'로 분리해서 불렀다. 그러다가 17세기 후반부터 '포작'은 사라지고, 물질은 여성이 전담하기 시작했다. 조선시대 해녀는 가장 고통스러웠던 여섯 가지 천역(賤役)인 6고역(六苦役) 중 하나로 잠녀역(潛女役)이었다. 조선 인조 7년에는 관리들의 수탈을 견디다 못해 많은 전복 잡이 포작인(鮑作人)들이 제주에서 도망을 갔다. 결국 남자들의 몫이었던 포작역(鮑作役)까지 떠안아야 했다. 지금과 같은 형태의 직업적 해녀는 1900년대 초반부터 출현했다. 1895년 경상남도로 첫 출가물질을 떠난 제주 해녀들은 우리나라와 일본, 중국, 러시아까지 행동반경을 넓혔다. 양식장 난립 등 산업구조개편으로 인해 '바다 밭'이 축소되자 해녀 수는 점차 감소했고, 해녀들의 고령화가 두드러졌다.

지금의 해녀와 과거의 해녀를 해녀복장 사진으로 살펴보면 다음과 같다.

해녀(海女)
바다에 의지하여 해산물을 채취하여 생업을 이끌어 가는 여성으로서 제주에서는 잠녀(潛女) 혹은 잠수(潛嫂)라 부른다.

물옷과 물질도구

고무옷
1970년 이전까지 재래 해녀옷을 입다가 1970년대부터 고무옷이 등장했다. 고무옷의 착용은 해녀들에게 추위를 견딜 수 있는 능력을 배가시킨다.

◀1970년대 등장▶

연철
1970년대 고무옷이 등장하면서 수면 아래로의 쉽게 잠수하기위해 허리에 차는 잠수용구이다.

호맹이
조개 등을 캐는 쇠꼬챙이

빗창
전복을 캐는 30cm 가량의 무쇠칼

종개호미
해조류(톳,미역 등)를 베는 도구

작살
소살이라고도 하며 물고기를 잡을 때 쓴다.

수경
1970년대부터 고무이 보급되면서 고무로 만든 '고무눈'을 사용하고 있다.

족세눈
19세기말에서 20세기 초에 쓰기 시작한 것으로 추정되며, 초기의 물안경은 소형 알이 두개로 분리된 '쌍눈' 이었다.

큰눈
1960년대 이후는 분리되지 않은 외눈이 사용되었다. 외눈을 '큰눈' 또는 '왕눈'이라고 불리웠으며 '큰눈'의 테두리의 재료는 황동판으로 만들었다.

태왁
스티로폼 태왁은 해녀가 수면에서 몸을 의지 하거나 헤엄쳐 이동할때 사용하는 부력 도구이다. 1960년대 중반부터 사용되었다.

◀쓰지 마른 콕태왁▶

콕태왁
스티로폼 태왁을 쓰기 이전에는 콕태왁을 사용했다. 콕태왁은 박으로 만들어진다.

망사리
해녀들이 채취한 해산물을 넣어두는 그물망

　앞의 사진과 그림을 통해서 지금의 해녀 복장과 과거의 해녀 복장이 많이 달라져 있음을 확인할 수 있다. 과거의 해녀복은 1970년대부터 '고무옷'이 등장해 사용되고 있지만 그 전에는 무명이나 광목으로 직접 만들어 입었다. 천으로 만든 해녀 옷을 제주도에서는 '소중이', '물옷' 등으로, 추자도나 흑산도 지역에서는 '잠뱅이'라 불렀다. 이 옷은 원래 속옷으로도 입었으며, 그래서인지 흰색이 많았으나 물질할 때 쉽게 얼룩져 검은 색 등 짙은 색 천으로도 만들었다.

　제주 해녀문화 관련해서 '제주해녀축제'가 2007년부터 해마다 가을에 열린다. 가장 최근에 개최된 2017년 제10회 제주해녀축제는 2017년 9월 30일부터 10월 1일까지 이어졌다. 행사 장소는 제주 구좌읍 해녀박물관 및 해안 일원이었고, 행사내용은 거리퍼레이드, 해녀물질대회, 해녀민속공연, 초대가수공연, 해녀물질체험, 관광객한마

당놀이, 행토음식점놀이, 바룻잡기체험, 포토존 운영 등등이었다.

제주 해녀문화는 10년을 이어온 제주해녀축제 등을 통해서 유네스코 인류무형유산으로서 충분한 가치를 잘 드러내고 있음을 입증한 셈이다. 그리하여 지역의 독특한 문화적 정체성을 상징하면서, 자연 친화적인 방법으로 지속 가능한 환경을 유지하도록 한다는 점을 강조하고, 또한 관련 지식과 기술이 공동체를 통해 전승된다는 점을 의심의 여지없이 세상에 알려줄 수 있었던 것이다. 여기에 또 하나의 소중한 유산이 전해져 내려오는 데 그것은 다름 아닌 해녀노래로서의 해녀아리랑 또는 이어도아리랑[10]이 있다는 점이다. 해녀아리랑, 해녀노래의 전곡은 다음과 같다.

이여 사나 이여 사나 이여 사나 이여 사나
아리 아리 아라리요 아리 아리 아라리요
어멍이영 손꼭심엉 바당 더레 걸어갔주
겡이덜이 돌아나난 나 모음도 콩닥 콩닥
휘이 휘이 보름부난 허운데기 놀아나곡
바당내음 눈감으난 나 모음이 놀아남쩌
바당소곱 구젱기덜 눈앞이서 베롱베롱
호나만 더 허당보난 저성질도 베롱베롱
숨비소리 쏟아가멍 살아신게 허멍서도
아까봐둔 전복춫앙 또시 또시 들어사주
이여 사나 이여 사나 이여 사나 이여 사나
아리 아리 아라리요 아리 아리 아라리요

---

10) https://www.youtube.com/watch?v=f4oR-eSJifM

이여 사나 이여 사나 이여 사나 이여 사나

아리 아리 아라리요 아리 아리 아라리요

〈표준말번역〉

이여 사나 이여 사나 이여 사나 이여 사나

아리 아리 아라리요 아리 아리 이리리요

우리 엄마 손 꼭 잡고 바닷가로 걸어갔지

바다 게들 도망가니 내 마음도 콩닥콩닥

휘이 휘이 바람 부니 머리카락 휘날리고

바다내음 눈감으니 내 마음이 날아가네

바다 속의 소라들이 눈앞에서 아른거려

하나만 더 하다 보니 저승길도 아른아른

숨비소리 쏟아가며 살았구나 하면서도

아까 봐둔 전복 찾아 다시 다시 들어가네

이여 사나 이여 사나 이여 사나 이여 사나

아리 아리 아라리요 아리 아리 아라리요

이여 사나 이여 사나 이여 사나 이여 사나

아리 아리 아라리요 아리 아리 아라리요.

유네스코는 '제주해녀문화'와 같은 "인류무형문화유산에 대해 '전통문화인 동시에 살아있는 문화'라고 규정한다. ▲세대와 세대를 거쳐 전승하고 ▲인간과 주변 환경, 자연의 교류, 역사 변천 과정에서 공동체와 집단을 통해 끊임없이 재창조하며 ▲공동체·집단에 정체성과 지속성을 부여하고 ▲문화 다양성과 인류의 창조성을 증진하며 ▲공동체 간 상호 존중·지속가능발전에 부합하는 특징을 지닌다."11)

세계에서 호흡기 장치 없이 바다에서 물질하며 해산물을 채취하는 '해녀'가 있는 곳은 한국과 일본이 유일하다. 일본 해녀는 '아마(あま)'라고 불린다. '아마'가 많이 활동하고 있는 미에현 토바시는 해녀를 지역의 진주 산업과 결합한 관광 상품으로 진화시켰다. 토바시 마을 주민들은 '아마'를 어업자체로서의 중요성과 함께 지역 사회와 밀착, 감소하는 '아마'를 전승, 계승 발전시키고 있다. 일본은 '아마'의 유네스코 인류무형문화유산 등재를 위해 노력하고 있다. 이를 위해 세계를 상대로 '아마'에 대한 적극적인 홍보를 멈추지 않고 있다. 점차 사라져가는 동해안 해녀와 비교하면 시사하는 바가 크다. 아마의 역사와 현황에 관해 살펴보면 다음과 같다. 일본 '아마'는 미에현 토바시·시마시를 비롯해 지바현 남보소, 시즈오카현 이즈, 도쿠시마현 아베, 야마구치현 오우라, 후쿠오카현 가네자키, 나가사키현 쓰시마 등 해안가 전반에 걸쳐 분포되어 있다. 그 수는 일본 바다박물관에 따르면 2016년 기준 전국에 1800여명이 있으며, 미에현이 756명으로 가장 많다. 하지만 일본도 '아마'의 수가 점차 감소, 40여 년 전 최대치에 비하면 현재 8분의1 수준에 그친다. '아마'의 수가 감소하고 있는 2014년 미에현 교육위원회는 "토바, 시마의 해녀의 전통적 잠수기술은 문화적 가치가 높아 보존할 필요가 있다"며 현 무형 민속 문화재로 지정했다. 그리고 토바해녀보존회와 시마해녀보존회를 보유단체로 지정했다.

일본은 5000년 전 조몬시대 중엽에 이미 '아마'가 존재했을 것으로 추정, 3000년 전의 것으로 추정되는 토바시 우라무라의 시라하

---

11) 2016년 12월 1일 프레시안=제주의 소리 교류 기사.

마 유적에서 대량의 전복 껍질과 함께 녹각으로 만든 전복 따는 도구가 발굴돼 당시에 '아마'가 존재했음을 짐작하고 있다. 일본 시문학사에서 가장 오래된 7세기 시가집 〈만엽집〉에 여성 '아마'를 노래한 작품이 있어 일본은 그 이전부터 일본 곳곳에서 '아마'들이 활동했다고 주장하고 있다. '아마'의 모습은 한국 제주해녀와 크게 다르지 않다. 이소오케(물 위에 올라왔을 때 붙잡는 나무통·한국의 두렁박, 테왁)와 망사리 같은 작업도구와 작업할 때 입는 흰 이소기는 '아마'들의 지혜에서 나온 산물이다. 이소기가 흰색이었던 것은 상어나 큰 물고기를 만났을 때 몸을 크게 보이게 해 위험을 피했다는 설과 여성들이 무난한 색깔을 선호했기 때문이라는 설이 있다. 현재는 흰 이소기가 잠수복이나 검은 고무옷, 이소오케가 스티로폼으로 대체되고 있다. 반면 일본 '아마'의 조업방식은 크게 두 가지로 나뉜다. '후나도'는 배를 타고나가 깊은 곳에서 물질을 하는 것으로 타지역에서는 볼 수 없는 독특한 방법이다. 주로 부부가 같이 작업을 하게 되는데 여성이 '이노치즈나(생명줄)'라는 밧줄을 허리에 메고 10~15m까지 잠수한다. 이후 신호를 보내 배위의 선도가 끌어올려줘 도움을 받는다. 또 다른 방식인 '가치도'는 바로 나가서 하는 갓물질을 말한다. 이는 누구의 도움 없이 이소오케에 7~8m의 밧줄을 허리에 연결해 멀리 떨어지지 않는 범위 내에서 물질작업을 한다.

2.1. 문화혼종성의 시각에서 본 제주 해녀와 일본의 아마

일본은 나잠 어로자인 해사, 해녀를 '아마'12)라고 하고 있으며, 특히 남자와 여자를 '아마'라 부르고 있다. 일본과 한국, 두 지역 교류의 역사기록으로 가장 오랜 것은 일본 헤이안(平安)시대 초기인 엔기 5년에 율령(律令) 시행세칙을 편찬한 책인 『엔기시키(延喜式)』이다.

이 책에서 나오는 '탐라복'의 정체는 무엇인가? 탐라산은 탐라에서 무역 혹은 조공으로 수입된 전복인가? 만약 탐라로부터 온 해녀들이 전복을 채취한 것이라면 이미 제주도해녀와 일본 아마 사이에 교류가 있었는가?

제주의 해녀들은 1895년부터 경상도, 강원도 등 육지에 물질을 나가고, 뿐만 아니라 일본 동경, 오사카, 중국 청도와 대련, 그리고 블라디보스토크 등 많은 출가13) 물질을 나갔다. 이미 한국의 해녀와 일본의 아마의 유사성은 대외적으로 인정되었다고 볼 수 있다. 가족사회에서 여성의 경제적 가치와 지위 및 권한에서 여성의 우위, 해녀회가 있어서 상호부조하고 해녀수의 급격한 감소, 무속신앙의 성행, 마을 간의 어장분쟁 등의 형태가 일본과 한국에서 공통적으로 나타나고 있다.

차이점은 일본 아마가 잠수작업만을 하고 있으며 한국은 농업과 잠수업을 겸하여 주종을 분간하기 어려운 점이다. 학력이 일본해녀들에 비해 제주해녀 대부분이 국졸로 낮지만 유교적 도덕생활로 건전히 살아가고 있다.

---

12) 여성인 아마는 해녀(일본어: 海女あま), 남성인 아마는 해사(일본어: 海士あま)라고 불렀다.
13) 해녀 자신들 고향이 아닌 다른 지역으로 이동하여 물질하는 것을 의미한다.

제주도 해녀들의 출가 범위는 상당히 넓다.

일본과의 출가 물질에서 양국의 직접적인 관련성 두 가지를 살펴보면 다음과 같다.

첫째, 일본 해녀의 조선 출가에 따른 능력 인정이 있고, 둘째, 일본인 잠수 기업자의 조선 진출로, 잡을 물건이 줄어들었다는 사실과 동시에 잡은 물건이 바로 경제적인 가치로 환원이 된다는 경제적 인식이 가능해졌다는 사실이다.

마스다이찌지에 의하면 1879년경에 야마구찌현 타이우라의 해녀가 울릉도에, 1894년에는 해사도 전라남도의 흑산도 방면에서 작업을 했다는 사실이 기록되어 있다.

1929년(소화 4년)에는 해사 통어선이 44척으로 증가하였고, 그들은 에히메, 오오이따, 나가사키, 야마구찌, 구마모토, 시즈오까 여러 현의 출신자로 제주도, 소안도, 흑산도, 부산을 중심으로 전라남도, 경상남도 지방으로 출어를 나갔다.

제주도 잠녀들의 일본 출가 물질은 1903년 미야께지마를 시작으로 주로 미에껜(三重県)을 다녀오는 것이었다. 미에껜(미에현) 해녀들은 조선으로 출가, 제주 해녀에 비해 일의 능률이 떨어진다는 이유로 조선 출가 중지를 당했다.

일본의 이세(伊勢国[14]) 해녀는1929년을 마지막으로 출어했다고 한다. 그리고는 오히려 제주 잠녀들을 수입해 가기에 이른다. 즉, 일본 해녀의 조선 출가는 제주의 잠녀들의 일본 출가 물질의 발단이 되게 하였던 것이다. 제주 해녀 중 일본 동경, 지바현의 호소반도

---

14) 이세국(이세노 쿠니)은 고대 일본의 지방행정 구분의 하나로서 도카이도(東海道)에 설치된 일본의 옛 구니(國)이다. 지금의 미에현 중앙의 대부분에 해당한다.

미에껜, 가고시마, 나가사키, 쓰시마를 다녀온 해녀들이 다수였다. 일본에 출가한 해녀들은 해녀 기술을 필요로 하는 현지에서 상당한 환대를 받은 것으로 추정된다. 한국의 해녀와 일본의 아마에서 공통적으로 나타나는 그들만의 신앙과 노래가 있음에 주목할 수 있다. 그들은 목숨을 걸고 생업을 이어나가는 것이기 때문에 절대적인 신앙을 가지고 의례를 치른다. 노동이라는 공통적인 범위에서 그들이 믿고 의지했던 신앙의 존재와 고된 물질에 큰 힘을 실어 주었던 노동요가 존재하는 것은 어찌 보면 당연한 일이다.

일본의 신앙과 일본 아마와의 관계는 '시롱고 아마 마쯔리'라는 축제를 통해서 분명하게 살펴볼 수 있다. 시롱고 축제는 매년 7월 11일, 시롱고 해변에서 진행된다. 축제의 시작을 알리는 뿔각고동의 소리를 시작으로 이소오케(전통 테왁)를 들고 바다로 뛰어들어 전복을 따갖고 와서 그들 신앙의 중심에 있는 신사에 바치는 의식이 축제의 핵심이다. 부정하지 않은 29명 중 검은 전복과 붉은 전복을 가장 먼저 딴 해녀가 무게를 단 후에 하얀 해녀복을 입은 채 신사로 가서 바치고 그 해의 최고의 해녀를 의미하는 '아마카시라'라는 영광을 얻게 되는 것이다. 전복을 바치는 해녀들의 행위는 한국과 깊은 연관성을 갖고 있다. 일본의 천왕 때 고려로부터 대기에 표착한 고려왕 약광에게 해사가 전복을 바치던 의식이 전해지고, 그 이후 지금까지 여름의 제례에는 신에게 전복을 바치던 것이 기원이 되었다. 이 전복을 '고꾸마루'라 한다.

땅과 물의 경계를 넘는 해녀의 삶은 '마요께'라는 부적을 만들어 사용하게 하였고, 하양 머리 수건이나 빗 창에 별 혹은 사선 표시를 하여 마를 물리친다고 여겼고 태양과 달, 구름, 하늘, 산을 상징하는 색깔의 종이를 잘라서 나뭇가지에 끼워 일 년 동안 처마 아래에 꽂아 무사 안녕을 기원했다. 신앙 의례와 생산 양식을 축제화하여 산업화하는 것이 일본의 해녀 축제의 특징이다. 다른 여러 지역에서도 행해지던 신사에 전복을 따서 바치는 의식을 존속시키고, 축제화하였으며, 현대산업으로 만들어 관광객을 맞는 축제의 현장으로 이끌어가는 것이다.

일본의 해녀노래인 '시룽고미쯔리 우타'는 제주 해녀 노래와는 달리 주민들에게 구전되는 것을 직접 들을 수 없는 것이 현실이다. 반면, '아마마쯔리 우타'는 새로 작곡하여 노래하는 것으로 해녀 노동과 관련된 노동요로는 볼 수 없다고 할 수 있다. 과거 노 젓는 기능이 발동선으로 대치된 후 노래는 사라졌다. 생활상의 노동요가 축제를 위한 유희요로, 기능성이 전환된 노래로 다시 등장한 것이다. 일본의 해녀 관련 노래는 대부분이 개인 창작곡으로, 그 중 '시룽고마쯔리의 노래' 가사 속 노 저으며 힘을 모으는 '이쵸사(이여싸)' 소리와 소라고동 소리를 시작으로 해녀들이 따는 전복, 그리고 유희판의 흥성스러움을 담아내고 있다. 축제의 흥겨움을 실제로 보여주는 것만 같아, 고향에 대한 사랑과 해녀들의 정서를 나타내고 있다. 또 다른 노래에서는 백년간 하루도 빠짐없이 어선들을 빛으로 인도해주는 등대에 감사하는 뜻으로 지은 노래가 있다. 풍어를 빌고 출항하는 정경을 노래하고, 보물이 많은 어장에서 어획에 힘쓰는 상황 등 넘치는 어로의 상황을 그린 노래도 있다. 일본의 해녀 노래는 '해녀 헤엄치는 노래'를 제외하고는 마쯔리를 위해 창작된 신민요적 성격이 강하다. 축제의 즐거움과 향토애를 표출하는 것이 특징이다.

일본 해녀들의 신앙적인 면이 강하게 두드러짐과 비교하여 볼 때 제주 해녀들의 신앙 역시 이에 뒤지지 않는다. 제주 해녀들의 신앙심 또한 강하다는 사실을 그들이 행하는 의례를 통해서 확인할 수 있다.

매년 음력 2월을 영등달이라 하여, 2월 초하루에 영신제를 치르고 2월 14일은 제주시 '칠머리당굿'에서 송신제를 지낸다. 이때는 바다의 작업을 일체 금하고 풍산과 풍어신적 성격이 강한 신에 대한 의례를 행한다. 일상과 관련된 신앙 즉, 꿈에 관한 신앙을 잠시 살펴보면, 예를 들어 상복을 입은 사람을 꿈에서 보거나 떡을 먹거나, 돼지꿈을 꾸면 그 날은 전복을 잡는다고 한다. 그리고 전복을 딴 후 그 전복에 침을 뱉거나 혀로 핥아서 다시 그 전복에 잇달아 붙어 달라고 기원한다. 또 물질을 하다가 돌고래 무리를 만났을 때는 "물알로물알로" 또는 "배알로배알로"를 외친다고 한다. 이번에는 거북이를 만나면 거북이에게 거북이를 '용왕의 셋째 딸'이라고 하며 전복을 따게 해 달라고 기원한다고 한다. 제주 해녀의 일상 삶과 그들의 삶을 대하는 모습을 통해서 전통적인 신앙의례가 남아 있음을 확인할 수 있다. 생업을 이끌어가는 현장 속에서 생겨난 주술과 종교적 원시성이 그대로 남아 있는 것이 제주의 해녀문화이다.

　제주 해녀들의 노래는 바다를 배경으로 물질 작업을 행하던 '해녀'라는 주체가 직접 부르던 어업노동요라고 할 수 있다. 일본의 경우 전통 노동요가 사라져버리고 없는 반면, 제주 해녀의 노래는 노동요로서 인정받는 것을 알 수 있다. 배의 노를 저으면서 부르는 '노 젓는 소리'와 테왁을 짚고 물질을 나가면서 부르는 '테왁 짚헝희 여가 소리'가 있다. 해녀 노래는 물질 작업과 직접 연관되어 있다. 노 젓는 행위 등 노동의 기능성이 직접 노래에 표출되어 있고, 시, 공간적배경의 표출로 바로 노동하는 현장을 직접적으로 묘사하고 있다. 노동의 한계, 노동시간과 공감을 표현한 생동감을 느낄 수 있게 한다.

　물질 영업은 돈을 벌어야 한다는 경제적 현실성에 초점을 두고 있음도 부인할 수 없다. 일본과 달리 한국의 물질은 아침부터 시작하여 오후까지 거의 5~6시간을 물속에서 있다고 한다. 그 위험성이 두드러지는 일이기 때문에 물질 작업을 '혼백상자를 등에 지고 가는 일', 혹은 '저승길을 왔다갔다' 하는 일이라고 한다. 이렇게 표현된 가사는 일에 대한 두려움과 비관적 의식을 드러내고 있다. 그럼에도 불구하고 이를 극복하고자 하는 기백과 의지를 나타내고 있다. 하지만 해산물을 얻는 결실은 운수와 같은 제주도 사투리 '버정'이 있어야 한다고 믿으므로 바다의 신인 용왕 신에 대한 믿음을 표현하고 있다.

결론적으로 해녀의 출가 물질이라는 계기로, 제주 해녀와 일본의 아마는 오랜 역사를 통해 서로 교류하고 왕래하며 현재 각국의 특성을 살린 해녀문화를 형성해 왔다. 지금도 축제를 통해서 서로의 문화를 교류하고 왕래하고 있다.

제주 해녀

제주 해녀

	한국의 해녀	일본의 아마
무속신앙	생업을 이끌어가는 현장 속에서 생겨난 주술과 종교적 원시성 보존	신사에 전복을 바치는 의식 자체를 존속, 동시에 축제의 현장으로 이끔
노래	• 노동요의 성격이 강하며, 다양한 삶의 정서 표출, 신세 한탄 • 의도적이지 않은 소용 가치에 따라 만들어진 민요	대부분의 노래가 신민요적 축제의 즐거움과 향토애가 표출되는 명랑하고 즐거운 노래
현황	해녀 전체적인 고령화와 그 수의 지속적인 감소	산업화된 아마 문화로 인해 한국에 비해 유지 성장

생업을 책임지던 여성 공동체
자연 유지 어업 방식
그들이 가진 각자의 축제의 장
여성의 경제활동

3. 판소리(Pansori Epic Chant)

오늘날 "디지털 미디어의 발달로 전 지구적 네트워크가 형성되고 결혼 및 노동을 위한 이주가 늘어남에 따라 상이한 언어와 이념 체계, 생활양식을 가진 지역 문화들이 서로의 경계를 넘나들면서 더욱 활발하게 교섭, 융합"15)하고 있다. 그 결과 사회 전반에서 문화적 전환과 아울러 문화혼종 현상도 두드러지게 나타나고 있다. 문화 혼종화란 "어느 한 문화가 다른 문화로 병합되는 과정"이 아니라, "문화와 문화 간 적극적인 교섭과 상호 이해를 통해 고유의 문화를 더욱 발전시키거나 혹은 새로운 형태의 문화를 이끌어내는 과정을 의미"한다. 글로벌적 문화 환경 속에서 지역적 경계를 넘어 이주하는 주체들과 그들의 유동적인 문화 정체성, 그리고 다양한 삶의 적응방식으로 인해 다양한 문화들의 교집합을 이루는 문화혼종 양상이 나타나기도 한다.

한국의 전통적인 대중음악인 판소리를 자세히 살펴보면 서양의 오페라와 맥을 같이하는 음악 장르임을 알 수 있다. 생성과 발전과정에서 판소리와 오페라는 서로 다른 사상과 문화를 배경으로 탄생하였지만, 많은 점에서 공통점과 유사점을 찾아볼 수 있다. 오늘날 우리나라에서 판소리에 오페라의 장점을 도입하여 대중에게 좀 더 다가가고자 하는 시도와 그것이 발전한 모습에서 글로벌적 문화의 혼종 가능성을 찾아 볼 수 있다. 이 글에서 한국의 전통을 대표하는 판소리와 서양의 오페라의 특징을 비교하면서 문화 혼종성을 찾아보고, 이를 통해 한국 문화 판소리의 발전가능성을 모색하고자 한다.

---

15) 이화인문과학원(2013), 『문화 혼종과 탈경계 주체』, 이화여자대학교 출판부.

3.1. 판소리와 오페라(Opera)의 이해

한국의 판소리와 서양의 오페라는 역사적 배경과 발전과정, 내용 등에서 여러 가지 차이점을 지니기도 하지만, 고대에서부터 현재에 이르기까지 지식층의 문화와 서민의 문화를 모두 아우르고 음악적 대중성을 반영하고 있다는 측면에서 유사한 측면을 보여준다.

3.1.1. 판소리

판소리는 한국의 민속음악으로 민족성과 전통성을 내포하고, 삶의 희로애락을 해학적으로 표현한다. 한 사람의 소리꾼이 한 명의 고수의 북 반주에 맞춰 서사적인 긴 이야기를 '소리'와 '아니리'(대사)로 엮어 '발림'(몸동작)을 구성요소로 하여 청중들 앞에서 구연하는 판소리는 다소 촌스럽지만 학문적이기도 한 표현을 섞은 가사를 연행하는 즉흥공연예술이다. 판소리는 우리 민족 고유의 염불, 타령 등 서민예술로 출발하여 19세기 이후에는 양반, 중인, 서민 등 모든 계층의 애호를 받는 민족예술로 발전하였다. 판소리는 원래 12곡이 있었고, "판소리 열 두 마당이라 하여 '춘향가', '심청가', '흥보가', '수궁가', '적벽가', '변강쇠타령', '배비장타령', '옹고집타령', '강릉매화전', '가짜신선타령(숙영낭자전)', '무숙이타령(왈자타령)', '장기타령' 등이 있었다고 전해지나, 현재는 '춘향가', '심청가', '흥보가(박타령)', '수궁가', '적벽가' 등 다섯 마당"[16]만 전한다. 판소리라는 용어는 여러 사람이 모인 장소라는 뜻의 '판'과 노래를 뜻하는 '소리'가

---

16) 판소리와 오페라의 특징, 네이버 지식백과.

64

합쳐진 말로, 17세기 서남지방의 굿판에서 무당이 읊조리는 노래를 새롭게 표현한 것에서 유래된 것으로 알려져 있다. 판소리는 지역적 특성에 따라 전라도 동북지역의 '동편제', 전라도 서남지역의 '서편제', 경기도와 충청도 지역의 '중고제'로 나누어진다. 이 판소리는 서민들 사이에서 구전으로 전해지다가 19세기 말 문학적 내용으로 더욱 세련되어져 도시의 지식인들 사이에서도 많은 인기를 누리게 되었다. 판소리는 "서민들의 삶을 사실적으로 그려내어 피지배층의 삶의 현실을 생생하게 드러내고, 서민들의 목소리를 대변하면서 새로운 사회와 시대에 대한 희망을 표현하는 역할"을 하다가, 모든 계층이 즐기는 예술로 발전하여 지배층과 피지배층의 생각을 조절하고 통합하는 기능을 수행하기도 하였다.

3.1.2. 오페라

오페라의 기원은 16세기 말 이탈리아 피렌체의 베르디 백작 궁정에 모인 귀족예술인 모임인 '카메라타(Camerata)'에서 쇠퇴해가는 고대 희랍비극을 부흥시켜 무대에 상연하자는 논의에서 시작되었다. 그리스 신화를 소재로 4개의 악기만으로 이루어진 음악극 '다프네(Daphne)'는 야코포 페리가 작곡하였으며, 최초의 오페라로 기록된다. 1600년, 카치니가 작곡한 '에우리디체(Euridice)'는 프랑스의 앙리 4세와 마리아 데 메디치의 결혼식 때 상연되어 일반 사람들에게 공개되면서 최초의 완성된 오페라로 일컬어지고 있다. 이런 과정에서 오페라는 이탈리아 전역으로 보급되었고, 이후 베네치아에 정착한 오페라는 상업적으로 변하기 시작하였다. 오페라는 이 당시까지도 '드라마 무지카(Drama Musica)'라고 불리어지다가, '오페라의 아버지'로 불리는 몬테베르디의 '오르페오(Orfeo)' 공연을 계기로 1637년 최초의 오페라 하우스가 건립되어 귀족사회의 전유물이던 오페라가 대중화되었다. 그 후 오페라는 "글룩, 모차르트, 로시니를 거쳐 우리가 잘 알고 있는 베르디와 푸치니의 오페라에까지 이르러 현재와 같은 모습"[17]을 갖추게 되었다. 이런 역사적 배경을 가진 오페라는 음악면에서 아름다운 '벨칸토(Bel Canto)'식 발성으로 노래하며 수십 명의 등장인물이 각기 다른 성부를 노래한다. 반주는 수많은 악기로 구성된 오케스트라가 웅장하게 연주하며 간주곡이나 전주곡 같은 독립된 기악곡으로 극의 흐름을 표현하기도 한다. 무대는 음악적이고 연극적인 요소를 충분히 느낄 수 있도록 설치되며, 가수의 연기는 물론 조명, 소도구, 분장, 무대감독도 오페라의 연극적 효과를 살리는 요인이 된다. 이런 모든 종합성을 담당하는 연출자와 지휘자의 존재도 오페라의 특징이기도 하다.

3.2. 판소리와 오페라(Opera)의 비교

서양의 오페라와 한국의 판소리는 그 형성과정에 있어서, 또는 음악적 형식이나, 내용면에 있어서 부분적으로 다를지언정 본질적으로는 다를 바가 없다. 즉 오페라와 판소리는 본질적인 측면에서 공통점을 지닌다. 다만 그 표현 양식에 있어서 차이점을 보이는데, 이것은 동서양의 생활양식의 차이에서 비롯된 것이다. 인간생활을 규제하는 것은 자연환경, 그 속에서도 지리적 풍토와 산물 등이다. 이러한 자연환경은 인간의 생활양식을 특징짓고, 이 생활양식 속에

---

17) 같은 글.

서 각자 특이한 사상이나 감정이 우러나오게 되는 것이다. 그래서 이 두 장르, 즉 판소리와 오페라를 비교해 보면 다음과 같은 특징을 알 수 있다.

3.2.1. 형성과정

첫째, 판소리는 우리 민족 고유의 염불, 타령, 남도무가 등에서 발전되어 왔고, 서양 오페라는 목가(Pastorale), 무용, 창가극(Singspiel), 기적극, 민요, 노래극, 가면극 등에서 형성되어 발전되어 왔다는 점에서 양자 모두가 고유한 민족풍속이나 전통, 종교적 제재에서 형성된 점이 유사하다.

둘째, 판소리와 오페라는 음악과 연극이 어우러진 종합예술이라는 유사점을 지닌다. 둘 다 노래(성악)를 중심으로 한 예술이고, 극적 움직임이 있다는 점이 같다. 판소리는 한 명의 소리꾼이 고수와 함께 벌이는 다양한 창극조의 소리마당인데, 오페라는 여러 사람이 각자의 배역을 노래하고 또한 "음악, 문학, 시, 연극, 미술적 요소"[18]로 만들어진 음악 종합예술 무대라는 점이 다르다.

셋째, 판소리는 고전문학을 대본으로 하여 가사, 사설시조 등에 곡조를 붙여서 상연했고, 오페라도 주로 명작소설, 극시 등 원작자의 문학을 바탕으로 음악 대본을 구성하여 상연했다.

---

18) 같은 글.

3.2.2. 내용면

첫째, 판소리는 1인의 소리꾼이 소리를 통해 극중의 모든 인물과 장면 묘사를 함께 해야 하는 데 비해, 오페라는 소프라노, 테너, 알토 등 다양한 파트로 나누어 중창, 합창 등 다양한 구성을 묶어서 공연하고 수백 명의 가수가 각기 다른 역을 맡는다.

둘째, 판소리는 반주에서 고수의 북 하나로 장단을 맞추고 흥을 이어간다. 이 때 장단의 다양한 변화에 의해 빠르기와 분위기를 엮어 관객의 흥미를 돋운다. 그러나 오페라는 수십 명의 단원으로 구성된 오케스트라가 다양한 효과와 전주곡, 간주곡 등의 기악곡을 연주하여 극의 흐름을 표현한다.

셋째, 발성에 있어서 두 장르는 차이가 있다. 판소리는 4저음에서 고음까지, 하성에서 상성까지 종과 횡으로 목이 쉬도록 성대를 무리하게 사용한다. 그러나 오페라는 공명을 이용한 부드럽고 목에 부담주지 않는 '벨칸토'식 발성으로 노래한다.

넷째, 의상에서도 많은 차이가 있다. 판소리는 극중의 줄거리가 바뀔 때일지라도 무대와 의상이 처음부터 끝까지 같은 형태로 지속된다. 그러나 오페라는 많은 등장인물들이 각기 극중의 인물을 표현하는 의상을 입고 연주한다. 같은 막에서도 의상이 바뀌는 경우가 많으며, 그 종류는 무척 다양하고 화려하다.

다섯째, 연기에서 차이를 보여준다. 판소리는 한 사람의 창자가 오랜 시간 앉아서 부르는데, 발림이라 하여 손짓이나 간단한 몸의 동작으로 극을 묘사한다. 반면 오페라는 사실적으로 구성된 무대 위에서 연기자는 폭넓은 연기와 노래를 통해 표현한다.

3.2.3. 형식면

첫째, 판소리와 오페라는 모두 극적인 내용을 음악의 형식으로 표현했다. 판소리는 궁, 상, 각, 치, 우의 5음계에다가 반음 두 개, 즉 변치, 변궁의 두 음이 합쳐져 7음계를 이룬다. 오페라의 음계는 도, 레, 미, 파, 솔, 라, 시, 도의 7음계를 쓴다. 또한 오페라는 단성 (Monophony)에서 다성(Polyphony)의 양식으로 발전되었으며, 판소리는 한 가닥의 멜로디에서 더 이상 변화하지 않았다.

둘째, 판소리와 오페라는 공연과정에서 차이점을 보여준다. 이 두 장르는 모두 청중을 대상으로 공연이라는 형식을 통해 이루어지는 예술이다. 판소리는 일정한 무대 없이도 연출하며 가설무대, 공원, 시장 등 관중이 모인 곳에서는 언제든지 쉽게 공연한다. 배경의 설치는 별로 없고, 막이 바뀔지라도 창자의 해설조의 '아니리를 듣고 상상할 뿐이다. 이에 비해 오페라는 무대를 갖춘 극장에서 막이 바뀔 때마다 화려하고 웅장한 배경을 설치하여 극적인 효과를 내고, 특히 무용이 삽입되어 더욱 화려하며 연출자 지휘자 등에 의해 종합적 구성을 연출한다.

3.3. 판소리에 나타난 오페라적 문화적 혼종성

판소리와 오페라는 서로 다른 역사와 지리적·문화적 풍토에서 발생한 유사한 음악장르이다. 오늘날 우리 전통음악부문, 특히 판소리의 제한적인 형식이나 내용을 개방하고 서양의 오페라적 요소를 수용함으로써 대중적 친밀감과 예술성을 확장시키려는 현상이 두드러진다. 이러한 노력들이 나타난 대표적 작품들에서 다양한 문화 혼종의 양상을 찾아볼 수 있다.

3.3.1. '판페라'에 나타난 문화적 혼종성

2011년 국립국악원에서 '판페라'인 '2011 오지윤 판페라, 심청이라 불러주오'를 공연했다. '판페라'는 "판소리와 오페라의 조합어로 유네스코가 지정한 세계문화유산인 판소리에 기반한 크로스오버 장르"로서, 국악뿐 아니라 오페라와 뮤지컬 등을 넘나드는 작곡가 황호준과 한국판페라단 단장 오지윤 명창이 판소리의 세계화를 위해 개척한 장르이다. 이 작품에서는 판소리와 뮤지컬과 오페라적 요소가 다양하게 조화를 이루고 있다. 국립창극단의 판소리 명창이 등장하고 뮤지컬 배우의 소리와 체임버앙상블, 재즈앙상블, 오페라의 화려한 무대적 요소가 총망라되어 문화의 혼종성을 다양하게 보여준다. 부제인 '심청, 새로운 길을 가다'처럼 새로운 모습으로 바뀐 판소리 '심청가'의 눈 대목을 중심으로 한 '판페라' 갈라 콘서트는 동양과 서양의 아름다운 선율과 화음, 이를 만드는 악기와 배우 등 모든 음악적 요소가 조화를 이룬다. 이러한 시도는 판소리의 대중화 및 세계화를 위한 본격적인 시도로 한국을 대표하는 문화콘텐츠의 미래 비전을 제시하는 무대를 보여주기도 한다.

3.3.2. '판소리-오페라'에 나타난 문화적 혼종성

오페라 연출의 거장 아힘 프라이어가 연출한 '판소리-오페라'인 'Mr.Rabbit and the Dragon King'이 국립창극단의 2011년 국립극장 해오름 무대에 올려졌다. '수궁가' 공연은 "관객에게 외면 받아온 판소리에 대한 관념을 깨고 창극이라는 고정 수식에서 '판소리-오페라'라는 새 옷을 입었으며, 기존 연기양식에서 벗어나 가면과 춤을 사용하였고 새로운 무대양식을 도입"[19]했다. 국립창극단에서 여러 번 공연을 한 바 있는 '수궁가'이지만, 아힘 프라이어와 유영대 예술감독은 "현대적 무대에 적합한 '수궁가'의 변신을 고민하고 판소리 '수궁가'에 숨어 있는 지혜, 수확, 권력, 야욕, 수명연장, 꿈, 자연, 유토피아, 소원, 갈망 등의 주제를 끌어낸 후 그것을 재배치하여 장면화"[20]시켰다. 그 결과 "우리의 토끼 Mr. Rabbit은 세상살이가 주는 어려움을 끊임없이 극복하고자 노력하는 민중영웅으로 재탄생"되었다. 그리고 모든 이야기는 "일종의 스토리텔러인 도창"을 통해 이야기가 탄생되고 인물들이 창조된다. "무대는 절제된 양식과 그림으로 세상을 표현하고, 인물들은 평면적이되 오로지 한 명만이 실제적인 얼굴을 갖게 되는데 그것이 바로 도창"이다. 스토리텔러는 3미터 높이 치마 안팎으로 등장인물을 창조한다. 그녀의 치마를 통해 등장한 인물들은 "토끼와 별주부 외에도 광대 호랑이, 도사, 코러스" 등 개성 강한 캐릭터들로서 기상천외한 방법으로 연기하고 노래한다. "환상이 가득한 무대와 과장된 기법의 가면을 쓴 이 등장인물들은 잠시도 쉬지 않고 노래하고 춤추거나 저글링을 하는 등 관객으로 하여금 한 순간도 눈을 뗄 수 없게 만든다."[21] 전문가와 일반 관객 모두 다 동시에 숨을 죽이는 무대, 의상, 조명 음악의 통일 등 회화성 강한 하나의 구조를 통해 판소리 수궁가를 새롭게 탄생시켰다는 점에서 우리는 아힘 프라이어가 '수궁가'에 적용

---

19) 국립극장 자료.
20) 같은 글.
21) 같은 글.

한 문화 혼종성의 효과를 찾아 볼 수 있다.

3.3.3. '창작오페라'에 나타난 문화적 혼종성

1997년 예술의 전당에서 공연된 김자경 오페라단의 신작 오페라 '춘향전'(작곡 김동진)도 작곡자가 오랫동안 판소리와 오페라의 결합으로 구상해 온 '신창악(新唱樂)' 오페라의 형태를 보이면서 문화 혼종성을 잘 보여주고 있다. 원래 일인다역의 음악극인 판소리는 그 다채로운 선율과 표정에 우리의 정서를 잘 담고 있어 지금까지 수많은 창작오페라의 좋은 소재로 등장해왔다. 특히 작품의 줄거리뿐만 아니라 음악적 소재까지 판소리의 원형으로 분류되는 '춘향전'은 얼핏 보기에는 판소리를 극화한 창극과 유사하다. 하지만 다양한 오페라적 요소를 찾아볼 수 있는 창작오페라이다. 이 작품은 서양식 오케스트라와 발성법, '춘향가' 주제에 의한 독창, 합창, 그리고 오케스트라를 위한 모음곡에 무대장치와 춤을 곁들이고, 약 5시간 30분 정도 걸리는 판소리 '춘향가'의 편곡과정을 거쳐 오선보로 옮겨 서양식 편곡을 확대 재구성하였다. 굿거리장단의 신명을 잘 살려낸 프라임 필하모닉오케스트라(지휘 김정수)와 이도령 역의 테너, 월매 역의 메조소프라노, 춘향 역의 소프라노 등 출연진들의 열정이 돋보였던 이 작품은 전통음악의 발전, 즉 판소리의 현대적 변용으로서 판소리에 더해진 오페라 문화의 혼종성을 가장 잘 드러내고 있다.
　이 외에 2017년 판소리와 함께 감상하는 대한민국 창작오페라 '달하, 비춰시오라'(2017.11)도 백제가요 정읍사를 모티브로 판소리부분이 돋보인 '창작오페라'이다. 정읍사의 첫 구절을 인용하여 '달하, 비춰시오라'로 제목 붙인 이 작품은 한국적 정서가 담긴 소재로 소리꾼 신정혜가 오페라의 판소리 부분을 맡고, 김수현이 안무를 맡아 서양의 오페라에 한국전통의 양식을 한껏 담아낸 작품으로 문화 혼종성을 잘 보여준다. 오페라와 판소리를 결합한 '홍부와 놀부'(2016)를 공연했던 하만택 감독이 "판소리와 오페라가 다른 것 같지만 공통점이 있으며, 섞어도 이질감이 없고 잘 어울리며, 판소리에는 없는 연출과 성악가를 연결하는 등의 공연 역시 새로운 시도의 하나다"라고 말한 것을 보아도 문화 혼종성이 다른 문화의 발전에 기여하는 긍정적 측면을 알 수 있다.

3.4. 판소리가 만난 새로운 형식

우리 고유의 판소리와 서양의 오페라를 그 형성과정과 내용, 형식에 대해 살펴본 결과, 이 두 장르는 모두 고유한 민족풍속이나 전통, 종교적 제재에서 형성이라는 본질적인 면에서 다를 바가 없지만, 내용과 형식에 있어서는 서로 다른 발전과정을 보여준다. 서양의 오페라는 초기에는 성악곡과 다름없이 단순하게 시작되었으나, 경제적으로 여유로운 환경 속에서 끊임없는 연구와 수많은 작곡가들에 의하여 종합 예술로서 많은 변화와 발전을 가져왔다. 이탈리아 바로크의 오페라를 중심으로 시작된 오페라가 유럽 전역으로 펴져나가 오늘날 전 세계적인 예술의 장르로 자리매김하여 사랑받고 있는 데 비해, 우리의 판소리는 대사를 통한 소리예술로서 제한된 형식의 범위를 탈피하지 못하고, 무리한 창법과 창자 1인에 의존하여 단조로운 가사로 극의 재미를 완전하게 표현하는데 어려움을 겪고 있다. 특히 판소리는 희곡적 요소를 가지고 있으며, 내용에 재담을 내포하는 장점을 가지고 있음에도 불구하고 오페라에 비해 반주하는 악기의 다양성과 무대예술의 연출이 부족하다. 판소리는 오늘날 우리의 흥과 멋에 직접 호소하는 장점을 더욱 발전시키고, 종합예술로서의 기본 조건과 서양 오페라의 음악형식을 더해야 한다. 그러므로 오늘날, 우리의 민족성이 담긴 고유의 판소리를 보존하려는 노력이 '판페라', '판소리-오페라', '창작오페라', '오페라적 판소리' 등의 다양한 형태로 나타나고 있다. 이와 같이 판소리의 전통적 내용과 형식에 오페라적 요소를 가미한 시도를 통해 우리의 전통문화를 기반으로 하는 새로운 장르의 예술영역을 개척한다면, 판소리는 세계의 무대에 널리 보급되어 문화의 혼종성을 가장 잘 활용한 예술 장르로 발전할 수 있을 것이다.

4. 김장문화(Kimjang, making and sharing kimchi)

우선 발효식품이란 유산균이나 효모 같은 미생물의 도움을 받아 발효 작용을 일으켜 만드는 음식을 말한다. 발효는 미생물의 활동을 이용해 식품을 분해하는 과정에서 부패와 달리 우리 몸에 이로운 성분을 생산해 내는 과정을 말한다. 음식이 부패하면 식중독 등 다양한 질병을 만드는 성분이 만들어져 건강을 해치지만 발효는 건강에 이로운 세균이 해로운 균들을 억제하기 때문에 부패와는 다른 개념이다.

발효 식품은 세계 어디에나 존재하고 있다. 그 중 김치는 우리나라의 전통적인 발효 음식이다.

삼국시대 무렵부터 채소를 오랫동안 먹기 위해서 소금 절임 하는 것으로 시작한 김치는 조선시대 고추의 유입과 젓갈 사용으로 오늘

날의 모습을 띠게 되었다. 오늘날 가장 많이 먹는 배추김치는 역사가 100년 밖에 안 되었다고 한다. 예전에는 깍두기나 총각김치를 더 많이 먹었다고 하는데, 무가 키우기 쉬웠기 때문이라고 추측된다. 특히 '장아찌'나 '짠지'라고 하는 무절임은 당시에 한국인들에게 나트륨 결핍이 올 수가 있었는데 야채에 이런 소금을 넣어서 부족한 영양소를 보충했다고 한다.

김치는 2001년 국제식품규격 위원회에서 김치(kimchi)라는 이름으로 인정받았으며, 2006년 미국 잡지 『Health(건강)』에서 낫토, 요구르트, 랜틸, 올리브와 함께 세계 5대 건강식품으로 선정되었다. 국제식품규격위원회에서 정의 내린 김치란, "주원료인 절임 배추에 여러 가지 양념류 고춧가루, 마늘, 생강, 파, 무 등을 혼합하여 김치의 보존성과 숙성도를 확보하기 위해 저온에서 젖산 생성을 통해 발효되는 식품"이다. 김치의 발효는 유산균, 젖산균에 의한 젖산 발효 현상이라고 할 수 있는데 젖산 발효에 의해 낮아진 산도(pH)로 인해 유산균을 제외한 유해균의 생성을 억제시켜 장 건강에 많은 도움을 준다.[22]

김치의 발효에 영향을 주는 것으로 배추를 절일 때 사용하는 소금이 있다. 소금은 삼투 작용에 의해 배추의 보존성을 높이고 유해한 미생물의 생육을 억제시켜준다. 이렇게 소금 중에도 천일염은 김치를 만드는 데 가장 좋은 소금이다. 천일염에는 많은 무기질 성분이 들어 있는데 이 무기질 성분들이 발효 미생물이 성장하는데 도움을 주고 배추의 펙틴(Pectin: 감귤류 또는 사과즙의 찌꺼기를 묽은 산으로 추출하여 얻어지는 정제된 탄수화물의 종합체)이라는 성분과 결합하여 아삭아삭한 맛을 제공하기 때문이다. 김치에 들어가는 부재료들도 김치 발효에 영향을 준다. 주로 들어가는 고춧가루, 젓갈은 유산균의 수와 맛에 영향을 준다고 알려져 있다. 고춧가루의 경우 유산균의 생육을 촉진시켜 발효에 도움을 주고 김치 맛을 좋게 해준다. 젓갈은 단백질이 풍부한데 이들이 분해되어 생기는 글루타민산, 핵산 물질과 휘발성 향미성분이 구수하고 감칠맛을 주며 영양성도 높이고 김치의 숙성을 촉진시키는 역할을 한다.

잘 발효된 김치에는 젖산과 젖산균이 풍부하여 김치 1g에 젖산균 1억 마리 정도가 함유되어 있다고 한다. 이는 같은 무게의 요구르트보다 약 4배가 많은 양이다. 또한 비타민 A와 C, 칼슘, 철, 인 등 무기질이 풍부하고 배추와 무에 함유되어 있는 식이섬유는 변비와 대장암 예방에 좋다고 한다. 김치가 적당히 숙성 됐을 때 항암 효과가 커진다는 연구 결과를 통해서 김치가 위암, 대장암, 간암, 폐암 등 다양한 암의 억제에도 유익하다는 것을 알 수 있다.[23]

22) 서울대학교병원 급식영양과, 「발효식품과 영양: 발효의 과학, 김치. 제대로 알고 드세요」. https://m.post.naver.com/viewer/postView.nhn?volumeNo=9132794&memberNo=3600238&vType=VERTICAL
23) 『음식이야기』(살림지식총서 254), 「8.2 젖산 발효, 김치」.

일본의 대표적인 발효식품으로는 미소된장과 낫토가 있다.

첫째로, 미소는 일본의 대표적인 양조 조미료로 대두에 누룩과 소금을 섞은 후 이를 발효시켜서 만든다. 미소의 기원은 정확히 밝혀져 있지 않으나 두 가지 설이 전해지고 있다. 하나는 아수카시대 (592~710)에 조선반도에서 온 고려인에 의해 전파되었다는 설이다. 이 설에 의하면 미소는 본래 고려장, 고려의 된장이라는 의미로 '코마비시오'라고 불렸다고 한다. 다른 하나는 753년에 불교의 보급을 위해 중국에 온 간진에 의해 미소가 설탕과 함께 전파되었다는 설이다. 무로마치시대(1336~1573)에는 대두의 재배가 권장되어 대두의 생산량이 증가하였고, 가정에서도 미소를 만들 수 있게 되면서 미소를 이용한 요리가 발달하게 되었다.

"일본에서는 미소를 양념 소스로 사용하여 고기의 맛을 내거나 생선, 야채, 두부 등 거의 모든 음식에 사용"한다. 또한 "아침식사에는 반드시 '미소시루'라는 된장국을 마셔 '미소국을 끓여 주시겠습니까?'의 뜻이 '저와 결혼해 주시겠습니까?'라는 말로 통할 정도다. 우리 된장은 콩만을 이용하여 만드는 데 반해 미소는 보리나 쌀, 밀가루 등을 첨가해 달짝지근한 맛을 내는 것이 특징"이다.[24]

미소를 만들기 위해서는 우선 누룩을 준비해야 한다. 누룩은 쌀, 혹은 보리를 물에 담가 불렸다가 쪄낸 후 식힌다. 여기에 누룩균을 넣어 따뜻한 방에 약 2일 동안 놓아둔다. 대두는 물로 씻은 다음 가마솥에서 삶은 후 으깬다. 준비한 누룩과 대두에 소금을 혼합한다. 이때 공기 중의 효모와 유산균이 유입된다. 혼합물을 별도의 용기에 넣고 일정한 온도로 조정한 곳에서 약 6개월~1년간 숙성시킨다. 숙성 기간이 길어질수록 미소의 색상이 진해진다.

사용되는 누룩의 종류에 따라 쌀누룩을 넣은 코메미소, 보리누룩을 넣은 무기미소, 콩누룩을 넣은 마메미소로 분류할 수 있다. 일반적으로는 코메미소가 주를 이루지만 지역에 따라 조금씩 차이가 있다.[25]

미소는 피부미용에 효과가 있다고 한다. 미소에 풍부한 유리리놀산이 멜라닌 색소의 합성을 억제하여 기미, 주근깨를 제거해준다. 그리고 미소된장은 저칼로리 음식으로 염분이 낮아 다이어트 식품으로 손색이 없으며 타닷화물, 단백질, 지방을 비롯해 비타민B, 미네랄 등 다양한 영양소를 골고루 함유하고 있다. 또한 유산균을 비

---

24) 『콩: 일본의 미소 된장과 낫토』(잘먹고잘사는법 시리즈 048).

25) 岡田 哲(2013), 『たべもの起源事典』, 筑摩書房, 693~695쪽.
   미소의 역사. http://miso.or.jp/knowledge/history
   미소의 역사와 일본인. http://www.marukome.co.jp/marukome_omiso/history/index.html

롯한 유익균이 풍부해 면역력 강화에도 도움을 주며 항암효과도 뛰어나다.

일본의 대표적인 미소된장 제조 브랜드 마루코메 코리아 관계자는 "최근에는 미소 효능의 확산과 일본음식의 대중화로 국내에서도 미소된장에 대한 소비가 늘어나면서 한국으로의 수출도 늘고 있는 추세"라며 "이에 따라 한국 진출에 본격적으로 박차를 가하고 있어 앞으로 마루코메의 정통 미소 식품을 다양하게 만나볼 수 있을 것"이라고 전했다.[26]

둘째로, 낫토는 대두를 삶아 낫토균으로 발효 및 숙성시킨 대두 발효식품이다. 낫토는 크게 진액이 실처럼 끈적하게 늘어나는 이토히키낫토와 끈적임이 적은 시오카라낫토 두 가지로 나뉜다. 이토히키낫토의 기원에 대해서는 명확히 알려져 있지는 않으나, 야요이시대 주거 환경상 삶은 콩을 집안에 두었던 것이 자연스럽게 발효가 되면서 이를 먹기 시작했다는 설이 있다.

이토히키낫토는 대두와 낫토균이 주재료이며, 삶은 대두를 낫토균이 붙어 있는 볏짚으로 싸서 1~7일간 자연 발효시켜 만든다. 옅은 갈색을 띠며 실 같은 진액이 생겨나 끈적이는 것이 특징이다. 발효가 과도하게 진행되면 특유의 암모니아 냄새가 심해지기 때문에 구입 후에는 가능한 빨리 섭취해야 한다. 이토히키낫토에는 대표적으로 마루다이즈낫토, 히키와리낫토, 고토낫토가 있다.

시오카라낫토는 중국으로부터 전해진 메주에 소금을 넣어 만든 시오구끼로부터 비롯된 것으로 알려져 있다. 대두, 보리, 소금, 누룩곰팡이가 주재료이며, 삶은 대두와 보리를 섞고 누룩곰팡이로 자연

26) http://biz.chosun.com/site/data/html_dir/2016/08/12/2016081202639.html

발효시켜 만든다. 발효가 끝나면 소금물에 담가 숙성시키고 햇볕에 건조시킨 후 여러 달 장기 숙성시킨다. 시오카라낫토는 흑갈색의 큰 콩 모양으로 끈적임이 없으며 된장 같은 맛을 내는 것이 특징이다. 시오카라낫토 중 가장 대표적인 것은 하마낫토이며 그 외에도 교토의 다이토쿠지낫토와 잇큐지낫토, 나라의 죠후쿠지낫토 등이 있다.

오늘날의 낫토는 진액이 실처럼 끈적끈적하게 늘어나는 이토히키낫토가 주를 이루고 있으며, 현대인들의 기호에 맞게 발효 및 숙성 과정에서 지니게 되는 특유의 냄새를 제거한 제품도 출시되고 있다. 일반적으로 연겨자 또는 와사비와 다레(간장, 미소된장, 설탕 등을 넣어 만드는 일본식 양념장)로 간을 하고, 날달걀과 송송 썬 파, 김을 첨가해 먹는다.27)

일본인들이 즐겨 먹는 전통식품 낫토는 대두를 삶아 띄워 만든 식품으로 젓가락으로 콩의 알갱이를 집으면 점액질의 실 같은 것이 늘어질 정도로 끈끈하다. "낫토를 만드는 기술은 중국에서 일본으로 전래되었다. 지역마다 맛이 독특한 낫토 문화는 교토를 중심으로 관서지방에서 특히 발달"하여 오늘에 이르고 있다. 일본 사람들은 "뜨거운 밥 위에 낫토를 얹고 여기에 날계란을 풀어 날것으로 비벼 먹는다. 신세대에게 보급하기 위해 낫토를 이용한 스파게티, 오믈렛, 샌드위치, 커리요리도 개발되어 있고 한국의 김치를 잘게 썰어 낫토를 함께 섞어 먹는 '김치낫토'도 등장"했다. 또 1992년부터 매년 7월 10일을 '낫토의 날'로 지정해 각급 학교에서는 낫토 음식을 먹는 날로 교육하고 있다.28)

27) 岡田 哲(2003), 『たべもの起源事典』, 東京党出版.
　　 小林 洋次郎(2011), 『くいもの食の語源と博物誌』, 勉誠出版.
　　 株式会社ミツカングループ. http://www.mizkan.co.jp/nattoichi/mame

낫토의 효능은 혈전을 녹여 혈관을 건강하게 해주며, 장내 유해균을 억제하고 유익균을 생장시키는 낫토균과 병원균을 용해하는 효소인 리조팀(lysoteam), 그리고 아연, 마그네슘 등이 항균과 같이 살균 작용을 해 장 건강에도 좋다. 이어, 식이섬유의 강자라 불리는 바나나보다도 4배나 풍부한 식이섬유를 함유하고 있어 체내 흡수율도 좋다.

낫토는 한국의 청국장과 비교될 만큼 좋은 발효식품이다. 하지만 그들은 차이점이 있다. 청국장은 "콩의 크기나 색과 상관없이 기호에 맞는 콩을 삶아서 쓴다. 삶은 콩에 볏짚을 넣어 자연발효를 시키므로 볏짚의 바실리스균뿐만이 아닌 공기 중의 바실리스균에도 영향을 받는다. 또 청국장은 만들어지는 고장, 만드는 사람, 그 날의 날씨, 사용한 콩의 종류 등에 의해 맛이 다양해지고 각기 다양한 균이 발생하여 면역력을 더욱 높여준다. 낫토는 작은 흰콩에 바실리스균 중에서도 낫토균이라고 하는 일본 정부가 허가한 균만을 사용한다. 그 균을 인위적으로 주입하여 다른 균이 침입하지 못하도록 포장된 상태에서 발효를 시킨다. 낫토는 청국장과 달리 다른 균을 차단시켜 일정한 맛을 유지한다".[29]

대한민국에 대표적인 발효식품으로 김치가 있다면 독일에는 사우어크라우트(sauerkraut)가 있다.

사우어크라우트는 "양배추를 잘게 채 썰어 소금에 절인 독일 음식으로 독일어로 '신맛이 나는 양배추'라는 뜻"이다. 흰 양배추가

---

28) 『콩: 일본의 미소 된장과 낫토』(잘먹고잘사는법 시리즈 048).
29) 김치의 유래, 위키백과.

사우어크라우트

주재료이며 유산균 발효로 생성된 유기산에서 비롯된 신맛이 특징
이다. 톡 쏘는 특유의 신맛 때문에 주로 소시지, 베이컨 등과 같이
짠맛이 두드러지는 음식과 함께 먹는다.

"한국의 김치와 비슷한 음식으로 채소를 오랫동안 저장하여 두고
먹기 위해 만들어졌다. 채소를 소금에 절여 일정 기간 숙성을 거쳐
발효시킨다는 점에서 김치와 유사하나, 젓갈이나 고춧가루를 넣지
않고 만들며, 들어가는 재료가 김치에 비해 단순하다는 점에서 김
치와 다르며 장아찌와 유사하다고 할 수 있다."[30]

사우어크라우트는 독일에서 자생적으로 탄생한 요리가 아니라
중국식 배추 피클인 쏸차이(산채)에 그 기원을 두고 있다. 발효 과정
을 통해 채소 요리의 보존성을 높이는 요리법은 오랜 역사를 지니
고 있는데, 중국인들은 기원전 221년부터 채소를 청주에 담가 발효
시켜 먹었다. 만리장성 건설을 위해 동원된 노동자들도 이 발효법
으로 만든 음식을 먹음으로써 겨울철 내내 채소를 공급받을 수 있
었고, 비타민과 무기질 등의 영양을 보충할 수 있었다. 몽골인들이
유럽으로 들어온 13세기경 채소를 발효시켜 만든 중국 음식 쏸차이

---

30) 『두산백과: 김치류/다른 나라의 김치』.

(산채)도 함께 전파되었다. 채소를 발효시킨 이 음식은 동유럽에서 먼저 먹기 시작했고, 곧이어 서유럽으로까지 확대되었다. 독일인들은 16세기에 들어 본격적으로 양배추를 발효시켜 먹었고, 그로부터 1세기 뒤인 17세기부터는 사우어크라우트가 한국의 김치처럼 독일인의 식탁에서 중요한 위치를 차지하게 되었다.[31]

사우어크라우트는 독일뿐만 아니라 유럽 전역에서 다양한 형태의 요리로 나타나는데, 프랑스의 슈크루트(choucroute), 스페인의 꾸르띠도(curtido), 폴란드의 비고스(bigos) 등이 있다. 아시아권에서는 일본의 츠케모노, 필리핀의 아차라(atchara) 같은 채소 절임을 먹는다.

사우어크라우트를 만드는 방법으로 양배추를 얇게 썰어 소금을 넉넉히 뿌린다. 으깨는 기구를 사용하여 즙이 배어나올 정도로 양배추를 으깬다. 양배추가 모두 잠길 정도로 충분한 양의 즙을 내야 하는데, 즙이 모자라면 물로 보충한다. 양배추와 양배추 즙을 밀폐 용기에 담아 4~6주간 저장한다.

저장기간 중 별도로 박테리아를 주입하지 않아도 양배추 표면에 존재하는 루코노스톡, 락토바실러스, 페디오코쿠스 등의 유산균에 의하여 발효가 진행되고, 이 과정에서 양배추의 당분이 유기산으로 전환된다. 유기산은 사우어크라우트 신맛을 낼 뿐 아니라 유해 박테리아의 활동을 저해하여 보존성을 높인다. 사우어크라우트는 15°C 이하의 저온 환경에서 밀폐용기에 담아두면 한 달 이상 보관이 가능하다.[32]

31) 프랜시스 케이스, 박누리 옮김(2003), 『죽기 전에 꼭 먹어야 할 세계 음식 재료 1001』, 마로니에북스, 252쪽, 656쪽.
German Food, FutureToday Inc. www.ifood.tv/network/german
32) Sauerkraut, German Food Guide. www.germanfoodguide.com/sauerkraut.cfm
Sauerkraut, Superfood for Many Occasions, German Foods North America, LLC. www.germanfoods.org/consumer/facts/sauerkraut.cfm

    서양에서는 채소절임 발효 음식이 피클이다. 피클은 "오이뿐만 아니라 각종 과실을 재료로 하여 만들기도 한다." 피클은 서양권 뿐만이 아니라 전 세계적으로 문화 혼종성이 잘 일어난 예시로 볼 수 있다. 우리나라에서도 피클은 밑반찬으로 자연스럽게 먹을 수 있고 또 요즘엔 수제 피클을 집에서 만드는 것이 유행일 정도이다. 오이뿐만 아니라 양파, 토마토, 비트, 파인애플, 레몬 등 여러 가지 재료를 사용해 제한 없이 피클을 만들 수 있다는 점과 장기간 보존 할 수 있다는 것이 장점이다.

    피클은 "여러 가지 채소나 과일을 식초에 절인 식품으로 육식을 즐겨 먹는 서양인들에게 빠질 수 없는 음식 중의 하나이다. 냉장시 설이 발달하지 못했던 유럽에서 저장식품으로 즐겨 먹었다. 피클은 '소금물에 절이다'라는 뜻의 네델란드어인 페클(pekel)에서 유래된 음식으로 소금에 절인 음식이라는 점에서 김치와 유사하나 젓갈이 나 고춧가루를 사용하지 않고, 식초를 넣어서 만든다는 점에서 우 리나라 김치와 다르고 장아찌와 유사하다"33)고 할 수 있다.

피클은 "오이뿐만 아니라 각종 과실을 재료로 하여 만들기도 한다. 오이 피클의 경우, 소금물(소금농도 10~16%)에 성숙한 오이를 넣어 절임을 하는 것인데 보통 4~6주간 저장한다. 이 과정에서 소금 성분이 오이 속으로 침투해 들어가고 젖산발효가 일어나 젖산 등 유기산이 생성되며, 오이의 색깔은 선명한 초록색에서 황록색으로 변하게 된다. 오이 내부의 색은 뿌연 유백색에서 투명하게 변하며 독특한 조직감을 갖는다. 이와 같은 소금 절임을 한 오이를 체온보다 약간 높은 온도의 물에 10시간 이상 담가서 소금의 일부를 제거한다." 이것을 다시 식초 및 향신료 등으로 처리해서 만드는 산미 피클, 설탕과 향신료로 만든 감미 피클, 그리고 약초와 향신료를 사용하여 만든 딜 피클 등 몇 가지 종류의 피클이 있다.[34]

중국에는 '자차이'라고 불리는 김치와 유사한 중국 전통 채소 절임(발효)음식이 있다. "중국 사천 지방의 향토음식으로 중국의 3대 채소라고 불리는 겨자과의 착채로 만든다. 소금에 절인 착채를 가늘게 썰어 물에 헹군 뒤, 잘게 썬 대파나 양파, 설탕, 식초, 고추기름,

---

33) 『두산백과: 김치류/다른 나라의 김치』.
34) 『식품과학기술대사전: 한국식품과학회』.

참기름 등의 양념을 섞어 버무린다. 소금에 절인 음식이라는 점에서 김치와 유사하나 젓갈과 고춧가루를 사용하지 않고, 소금에 절인 채소를 발효 과정 없이 양념에 버무려 먹는다는 점에서 우리나라 김치와 다르고 장아찌와 유사"35)하다고 할 수 있다.

인도에는 '아차르'라고 김치와 유사한 절임(발효)음식이 있다. 고추, 라임, 망고 등의 채소나 과일을 절인 인도의 음식으로 서양의 피클과 유사하다.36) 아차르는 강황, 큐민 등의 여러 가지 향신료와 해바라기씨유, 구연산 등으로 담가 놓았다가 먹는 절임 식품으로 오랜 기간 숙성 될수록 김치처럼 신맛이 강해진다. 김치와 아차르는 절임음식이고, 채소 및 야채가 주요 재료라는 공통점이 있다. 반면, 아차르는 기름으로 보존하고, 향신료를 사용하지만, 김치는 발효해서 보존하고, 액젓을 사용한다는 차이점이 있다.37)

5. 아리랑, 한국의 서정민요
(Arirang, lyrical folk song in the Republic of Korea)

〈아리랑〉은 한반도의 중동부에 위치한 심산유곡의 강원도 정선 땅에서 유래되었으며 〈아리랑〉이 언제부터 불렸고, 그 뜻이 무엇인지는 정확히 알려지지 않았으며 설들만 분분하다. 〈아리랑〉이 갖고

---

35)『두산백과: 김치류/다른 나라의 김치』.
36) 같은 책.
37) [#인도 김보고 개척단 현장보고: 인도의 김치인 아차르와 한국의 김치를 비교해 보다!]
     https://blog.naver.com/aflo2017/221056839522

있는 서정성과 그 내면에 깔려 있는 민족적 한은 한국심(韓國心)을 상징하는 것으로 충분하다. 그러기에 "단순한 노래라는 차원을 넘어 문학, 예술, 공연, 방송물 축제, 문화콘텐츠 등을 비롯한 다양한 방면으로 외연이 확장되고 있고, 국내는 물론 해외에서도 '코리아 (Korea)'를 상징하는 한민족의 노래"[38]로 자리매김하고 있다.

 아리랑 아리랑 아라리요
 아리랑 고개를 넘어 간다
 나를 버리고 가시는 님은
 십 리도 못 가서 발병난다[39]

 흔히 경기아리랑 또는 서울아리랑으로 불리는 이 〈아리랑〉은 수많은 설들이 존재한다는 이유만으로도 아리랑 연구와 문화 혼종성의 가능성을 예단할 수 있게 한다.
 세계가 한국의 아리랑의 독창성과 보편성을 인정한 것으로 볼 수 있는 2012년 유네스코 인류유형문화유산 등재를 계기로 보다 더 〈아리랑〉에 대한 세계의 관심과 애정이 커진 오늘날 〈아리랑〉의 기원에 대한 궁금증은 당연한 것이다. 2012년 유네스코 인류유형문화유산 등재 확정 이전, 2011년에 『아리랑 원형연구』에서 저자 조용호는 그 기원에 대해서 다음과 같이 설명하고 있다.

 한국의 〈아리랑〉 노래가 언제 어떻게 만들어져 불리기 시작했느냐

---

38) 조용호(2011), 『아리랑 원형연구』, 학고방, 13쪽.
39) 유네스코와 유산, heritiage.unesco.or.kr

에 대해서는 두 부류로 나뉜다. 첫째는 〈아리랑〉이 오래전에 만들어진 민요라는 주장이며, 둘째는 영화 '아리랑'의 노래와 일정한 관련이 있다는 측면에서 근대민요 또는 영화 '아리랑'에서 만들어진 유행가라는 주장이다. 두 번째 주장이 설득력을 얻는 것은 기록을 통해 확인할 수 있는 〈아리랑〉과 가장 유사한 가사가 영화 '아리랑'에 나오며, 그 이전의 기록에서는 유사한 형태가 없다는 데 있다. 즉 영화 '아리랑' 노래와 관련이 있다는 주장은 당시의 전단지에 나오는 노랫말을 근거로 들고 있고, 그 이전부터 있었다는 주장은 전래된 민요나 상징적인 노래라는 측면이다. (…중략…) 그에 반해 (…중략…) 조용호는 영화 '아리랑' 노래와 관련하여 (…중략…) 영화 '아리랑'에서 만들어진 것이 아니라 여말선초에 만들어지고, 전래되는 과정에서 미세한 변형이 이뤄진 것임을 논하였다. (…하략…) 40)

조용호는 노랫말에 변형내지는 문제점이 생기게 된 이유를 몇 가지 측면에서 고려할 수 있다고 덧붙이고 있다.

첫째, 〈아리랑〉이 특정한 사건을 계기로 의미와 성격에 변화가 일어난 경우이다. 전래되던 민요가 참요(讖謠)41) 등과 같은 다른 성격의 노래로 바뀌게 되어 함부로 부르지 못하는 금지곡의 노래가 된다거나 내용상 비루(鄙陋)하게 보여 기록되지 못하고 민간에서만 숨어서 불리는 경우가 이에 해당된다. 둘째, 〈아리랑〉이 조선인의 공통 심성과 내면에 흐르는 민족정서의 핵심임을 간파하여 이를 의도적으로 훼손하

---

40) 조용호(2011: 37~39).
41) 시대적 상황이나 정치적 징후 따위를 암시하는 민요.

려한 경우이다. 일제 강점기에 조선총독부에서 추진한 민요와 속담 조사 등을 통해 아리랑에 나타나는 정서를 식민사관적 입장에서 해석함으로써 조선 민족혼 말살을 통한 사회교화와 내선융화를 이루며, 이를 통해 식민통치를 정당화하려한 경우가 이에 해당한다.[42]

여기서 위의 두 번째 경우가 식민사관(植民史觀)에 의해서 〈아리랑〉이 왜곡될 수 있었음을 짐작하게 하는데 이를 자료를 대비해 직접 찾아본 결과가 『아리랑 원형연구』에 고스란히 실려 있다.

결국 조선총독부에서는 조선인의 공통 심성인 조선심과 민족성을 파악하는 과정 속에서 조선인의 핵심이 〈아리랑〉인 것을 알았고, 변형시키는 과정을 통해 희화화하여 뜻을 잃어버리게 함으로써 조선민족의 혼 〈아리랑〉에 대한 존엄성을 박탈하고, 이를 통해 식민통치의 정당성을 부여하려는 것이 아리랑 연구의 목적이었으며, 이는 〈아리랑〉을 통해 한민족의 혼을 크게 훼손한 상황이 된 것이다.

그러한 숨겨진 의도를 모르고 지금까지 단순한 아리랑 어원의 기원 정도로 이해하고 있었던 것인데, 이는 조선총독부가 진정으로 '아리랑'의 뜻을 찾으려는 열정과 조선인에 대한 사랑에서 시작된 것이 아니기 때문이다.[43]

『아리랑 원형연구』에서는 "고증을 통한 원형적 본질의 추출"이라는 제목으로 비록 아리랑의 성격이 식민사관에 의해 왜곡되어 변형

---

42) 조용호(2011: 69).
43) 조용호(2011: 86~87).

되기는 했지만 "옛날부터 전해지는 이야기나 기록을 통해서 아리랑의 원형적인 뜻과 성격들을 파악할 수 있"음을 보여주고 있다. 그래서 여기에 그 본질에 대해서 나열하는 성격들을 정리하였다.

1. '아리랑'의 뜻은 고귀한 신분의 '아가씨(阿里娘)'이다.
2. 아리랑(阿里娘)이라는 표현 속에는 두 개의 뜻이 담겨져 있다.
3. 또 다른 아리랑이 있다.
4. 2행의 노래가 4행의 아리랑으로 재편되었다.
5. 가극 속에서 불린 노래이다.
6. 노래는 애조(哀調)를 띠고 있다.
7. 충신불사이군(忠臣不事二君)의 노래이다.
8. 비밀결사의 노래이다.
9. 실제 생활 속에 일어난 이야기를 노랫말 속에 표현한다.
10. 남녀상열지사(男女相悅之詞)의 변풍이다.
11. 전국적으로 아리랑이 산재해 있다.
12. 조선시대에 아리랑이 변형되었다.
13. 아리랑은 한(恨)의 노래이다.[44]

이상의 13가지 특성을 동시에 지니고 있는 '아리랑'이기에 "조선총독부에서도 아리랑을 알 수 없었고, 그들이 할 수 있었던 것은 조선의 풍토를 그대로 간직한 노래 아리랑을 일본에 동화시키는 식민논리로 변형하게 되었던 것"[45]임을 알 수 있었다. 그것이 식민사

---

44) 조용호(2011: 88~97).
45) 조용호(2011: 97).

관에 의한 식민논리로 이어진 것이긴 하지만 여기서 문화 혼종성의 특징이 그대로 드러나고 있다. 원래의 〈아리랑〉의 특징과 식민논리로 변형된 특징이 혼재되어 있으며, 아리랑을 위시한 대표적인 민요들을 식민사관에 따라 조작한 것이 곳곳에서 발견되고 있다.

5.1. 일제강점기와 아리랑

일제강점기 동안 "아리랑이 일본에 동화시키는 식민논리로 변형되었던 것"과 연결하여 어떻게 된 상황이며, 무엇을 주시해야 하는가를 살펴보고 "아리랑을 위시한 대표적인 민요들을 식민사관에 따라 조작한 것이 곳곳에서 발견되고 있다."는 그 증거자료들을 살펴보고자 한다. 〈아리랑〉이 언제부터 불렸고, 그 뜻이 무엇인지는 정확히 알려지지 않았으며 설들만 분분한 것에 대한 연원이 어디인지를 살펴보고자 한다.

'아리랑'의 어원에 관해서는 여러 다양한 주장들이 존재했다. 춘원 이광수(李光洙)는 일제강점기 기간 중인 1924년에 "아리랑은 다른 어떤 민요보다 우위에 있고, 결코 근대에 생긴 것이 아니라 퍽 오랜 옛날에 생긴 것이며, 전해오는 과정에서 지금은 알 수 없는 후렴에만 그 뜻이 남아 있다고 보았으며, 낙천적인 조선 민족성을 대표하는 노래가 아리랑이라고 하였다".[46] 춘원이 가장 먼저 의견을 던지자, 이를 기점으로 너도 나도 다양한 주장들을 펼치기 시작했다. 그 중에서 "김지연(金志淵)은 아이롱설, 아리랑설, 아난리설, 아랑설, 아랑위설을 소개하면서 알영(閼英)설을 제기하였고, 권상로,

---

46) 조용호(2011: 70).

이병도, 양주동, 임동권, 정익섭, 최재억, 원훈의, 박민일 등 다양한 주장들이 제기되어 왔다. 그러나 최초로 제기된 김지연의 설"[47]이 아리랑과 유사한 발음에 근거해서 "설화적 설명을 곁들이면 아리랑이 된다는 연구방법의 기원과 그것이 갖는 사상적 배경 및 추구하는 목적에 대해서는 결코 단 한 번도 학술적 회의의 대상이 된 바 없으며, 그에 대한 근본적인 문제 제기도 없었다".[48]

문화혼종성의 계기를 마련해 준 사건은 일제강점기 기간 중 1930년 6월에 기고된 글로 인한 것이었다. "조선총독부 기관지『조선』에는 총독부 촉탁 김지연이라는 이름으로「조선민요 아리랑」이 기고되었다. '아리랑'의 어원과 더불어 몇 개의 아리랑 가사들을 소개하였는데, 이는 아리랑 연구에 획을 긋는 커다란 사건이었으며, 그 중에 나오는 6개의 '아리랑 발생설(發生設)'은 조선총독부에서 추구하는 목표가 무엇인지도 모른 채 지금까지도 아리랑 연구의 연원이 되고 있다."[49]

조용호에 따르면, "아리랑 발생설에 나오는 화소들을 총독부 자료와 대비해 보면 실제 민요의 내용과 다르게 되어 있는 것을 알수 있고, 또한 아리랑이라는 명칭은 물론 그와 유사한 명칭들인 아르랑, 아리랑가(歌), 아리랑 타령, 아리랑 타령(打令), 아라랑, 아르렁타령(打令), 아라리 타령 등이 이미 존재하고 있었는데도 언급하지않는 대신 아이롱, 아난리, 아랑, 아랑위, 알영 등을 조작하여 발생설의 기원으로 주장한 것임을 알 수 있다. 발생설은 다른 의도를 갖고 만든 것"[50]임을 강조하고 있다. 우리가 오늘날에도 무심하게

---

47) 조용호(2011: 70~71).
48) 조용호(2011: 71).
49) 조용호(2011: 72).

우리의 아리랑 어원조사로 생각하는 것이 다름 아닌 우리의 것을 말살하고 조작하려는 식민논리의 그물에 빠져드는 형상이 되고 마는 것이며, 더욱이 이러한 점에서 에드워드 사이드가 주장하는 단일한 순수한 문화가 존재할 수 없게 혼종화하려는 식민주의적 현장을 우리 스스로 조장하고 보호하는 격이 되고 마는 것이다. 이 얼마나 어리석고 안타까운 일인가!

조용호는 덧붙여서 다음으로 마무리하고 있다.

> 결국 조선총독부에서는 조선인의 공통 심성인 조선심과 민족성을 파악하는 과정 속에서 조선인의 핵심이 〈아리랑〉인 것을 알았고, 변형시키는 과정을 통해 희화화하여 뜻을 잃어버리게 함으로써 조선민족의 혼 〈아리랑〉에 대한 존엄성을 박탈하고, 이를 통해 식민통치의 정당성을 부여하려는 것이 아리랑 연구의 목적이었으며, 이는 〈아리랑〉을 통해 한민족의 혼을 크게 훼손한 상황이 된 것이다. 그러한 숨겨진 의도를 모르고 지금까지 단순한 아리랑 어원의 기원 정도로 이해하고 있었던 것인데, 이는 조선총독부가 진정으로 '아리랑'의 뜻을 찾으려는 열정과 조선인에 대한 사랑에서 시작된 것이 아니기 때문이다.[51]

5.2. 아리랑 노래와 한(恨)

한(恨)이란 "욕구나 의지의 좌절과 그에 따르는 삶의 파국, 또는 삶 그 자체의 파국 등과 그에 처하는 편집적이고 강박적인 마음의

---

50) 조용호(2011: 86).
51) 조용호(2011: 86~87).

자세와 상처가 의식·무의식적으로 얽힌 복합체. 원한(怨恨)과 유사한 말"로 쓰이기도 한다. 〈아리랑〉 중에서도 이러한 한(恨)을 가장 강렬하게 드러내는 아리랑으로 제일 먼저 꼽을 수 있는 것은 바로 〈정선 아리랑〉이다. 〈정선 아리랑〉은 강원도 정선에서 발원되어 흐르는 한강의 원류인 동강 기슭에서 아리랑을 노래하며 서로를 위로하고, 고려 왕실의 사람들은 사방이 산으로 막히고 답답한데 그나마 유일한 희망인 앞에 흐르는 강물을 바라보며 시름을 달래고 한(恨)이 맺힘을 노래했다고 한다.[52]

'아리랑 정신,' 바로 "이것을 기리기 위해 아리랑페스티벌 2010은 진행되었는데, 그렇다면 도대체 '아리랑 정신'은 무엇일까? 중학교 음악시간에 외웠던 '한(恨)'의 정서, 분명 '아리랑 정신' 안에는 그것도 포함되어 있을 것이다. 다양한 형태(version)의 아리랑이 존재하듯, 한(恨)이나 흥(興) 등, 그 안에 깃든 '아리랑 정신'을 해석하는 방법도 갖가지이다. 무대를 함께 빛낸 노르웨이의 재즈가수 잉거 마리의 '다양한 형태의 아리랑이 존재하더라도 그 본질은 변치 않기를 기원합니다.'라고 했던 말에 주의를 기울일 필요가 있다. 하지만 노래를 부르면서도 모르고 지나쳤던 어울림과 평화의 '아리랑 정신'을 현실에서는 모르고 그냥 지나치지 않는 일이 없도록 더욱 주의를 기울여야 할 것"이다.[53]

민요에서는 "속담이나 설화에서보다 한이 구체적으로 표현되고 있다. 민요는 오랜 세월 동안 민중 속에서 구전으로 내려온 노래이기 때문에 특별한 수련이나 기술이 필요하지 않으며, 그 소재 또한

---

52) 高麗王室과 정선아리랑의 恨.
53) 아리랑이 '한(恨)'의 노래라구요? 아리랑 페스티벌 2010 현장 중계(문화체육관광부).

다양하고 감정의 표현도 구상적이다. 무엇보다도 민요는 민중의 생활과 직결된 예술이다. 즉, 노동을 하거나 의식을 하거나 놀이를 하면서 부르는 것이 대부분"이다.[54)

그 내용은 주로 "시집살이, 과부의 설움, 노동의 고됨, 남편의 처첩관계, 시누이 올케 사이의 알력 등 서민생활의 감정을 거리낌 없이 나타내는 것들"이다.

그것은 스스로의 필요에 따라서 부르는 것이기 때문에 민담이나 판소리처럼 듣는 사람의 반응에 구애될 필요가 없고, 다만 스스로 만족하면 된다. 여기에 민요의 진솔성이 있으며, 한이 구체적으로 표현될 수 있었던 것도 그 때문이다. 한이 가장 절절하게 표현된 민요는 고된 시집살이를 노래한 것들이다.[55)

> 잠아 잠아 오지 마라
> 시어머니 눈에 난다
> 시어머니 눈에 나면
> 임의 눈에 절로 난다.
>
> 논에 가면 갈이 원수
> 밭에 가면 바래기 원수
> 집에 가면 씨누 원수
> 세 원수를 잡아다가
> 참실로 목을 매어

---

54) 한(恨)(한국민족문화대백과, 한국학중앙연구원).
55) 위의 책.

범든 골에 옇고지나.56)

    남도지방에서 채집된 이 두 편의 민요에서는 시집살이의 고달픔과 시누이에 대한 증오가 직설적 감정으로 나타나고 있다. 서민 여자들의 한은 가난과 과로보다는 시댁 식구들의 학대였다. 역시 남부지방에서 채집된 다음과 같은 민요에도 서민 여자들의 한이 잘 나타나 있다.

    어매 어매 우리 어매
    뭘 먹고 날 맹글었나
    우리 어매 날 날 적에
    죽순 나물 먹었던가
    마디마디 육천 마디
    마디마다 설움이네.57)

    그러나 이와 같은 서민 여자들의 한은 모두 근원적 운명론으로 귀착되고 만다. 그들은 원망과 증오와 슬픔과 고됨을 기껏 민요를 노래하는 것으로 참아내야만 했으며, 결코 반사회적 혹은 부도덕적인 방향으로 항거하지는 못하였다.58)

---

56) 시집살이(한국민족문화대백과, 한국학중앙연구원).
57) 한(恨)(한국민족문화대백과, 한국학중앙연구원) 남부지방에서 채집된 민요(작자 미상).
58) 위의 책.

5.3. 노동요와 아리랑의 비교

노동요(勞動謠)는 "노동의 능률을 높이거나 즐겁게 하기 위해 부르는 노래의 총칭으로 요약할 수 있으며, 작업요"라고도 한다. "어느 나라든지 노동요는 있었고, 한국에도 농경생활 초기부터 있었던 것으로 추정"된다. 이는 민요의 일종으로, "놀음놀이를 할 때 부르는 유희요(遊戲謠)나 의식을 치르면서 부르는 의식요(儀式謠)와는 구별"된다. 그 기능은 노동을 효과적으로 진행시키고, 집단 노동 시에 행동통일을 위한 구령의 역할을 하며 노래를 부름으로써 즐겁게 노동을 할 수 있고 또한 노래를 통하여 노동의 내용이나 노동하는 사람의 생각과 감정을 나타내게 된다.59)

노동요의 종류는
① 농업노동요(밭갈이·모내기·김매기·타작할 때의 노래)
② 길쌈노동요(물레노래·삼 삼는 노래·베틀노래 등)
③ 토목노동요(땅다지기·달구질 등의 노래)
④ 운반노동요(가마·목도·상여를 멜 때의 노래)
⑤ 어업노동요(노젓기·그물당기기 때의 노래와 해녀의 노래 등)
⑥ 제분노동요(방아노래·맷돌노래 등)
⑦ 수공업노동요(풀무질노래·양태노래·망건노래 등)
⑧ 가내노동요(빨래노래·바느질노래 등)60)

---

59) 노동요(勞動謠)(두산백과).
60) 위의 책.

또한 노동요는 노동의 방식에 따라,

㉠ 여러 사람이 일제히 움직이는 노동을 할 때 부르는 공동노동요

㉡ 여러 사람이 한데 모여 제각기 일을 하며 부르는 집합노동요

㉢ 혼자서 일하며 부르는 개인노동요로도 분류된다.

또한 노동을 떠나서 "노래 자체의 즐거움 때문에 아무 곳에서나 부르게 되면, 노동요가 아닌 일반 민요로 전환"되는 수도 있다. 그 예로 "황해도의 감내기, 평안도·함경도의 호미타령, 평안도의 배따라기, 전라도의 농부가·뱃노래·방아타령·베틀노래 등"이 있다.[61]

아리랑은 충청북도 음성군 생극면 관성리에서 주로 불리는 비기능요에 속하는 민요로 정의되어 있으며 생극면 관성리에서 불리는 「아리랑」은 노동요와는 달리 일정한 기능 없이 지역·성별·계층에 상관없이 전국적으로 두루 불리는 비기능요에 속하는 민요이다. 비기능요는 노동이나 특정한 상황에 관계없이 가창자의 심리적인 상태만을 다양하고 풍부하게 그려내고 있기 때문에 사랑과 그리움을 노래하거나 자신의 처지를 한탄하는 내용이 주를 이룬다. 비기능요에는 일반인들에게 잘 알려지고 정형화된 타령류와 그렇지 않은 순수 민요류가 있는데, 「아리랑」은 타령류에 속한다.[62]

비기능요이자 타령류에 속하는 아리랑 중에서 1994년에 음성군 생극면 관성리에서 김의례(여, 80)가 부른 것을 이경우가 채록하여 『충북민요집』에 수록한 노래 내용을 옮기면 다음과 같다.

---

61) 위의 책.

62) 「아리랑」(한국향토문화전자대전, 한국학중앙연구원).

약도 많기도많구
끊을 비수도 많건만 임을 잊을 약이 웁구
정을 끊을 비수가 없네

아마도 정분 끊기는 나뿐인가
아리랑 아라이러구나 아리랑 고개고개로
날만 냉겨주네

간다 못 간다
얼마나 울었길래 신작로 폭간이
나루터가 됐느냐

너싫다구 나싫다구
울치구 담치구 열무김치 소금치구
별김치 조치구

칼로 물긋듯이
그냥 싹 돌아스더니 일선팔십리 다못가구서
왜돌아 찾아왔느냐

국화꽃이 고아도 춘추단절이요
내 얼굴이 아무리 고아도
이십 안쪽 큰애기다

5.4. 대국민 아리랑 프로젝트

대국민 아리랑 프로젝트는 월스트리트 저널 홍보 광고 집행을 위한 광고 기금 마련 프로젝트이다. 제일 먼저, 2011 뉴욕 타임스퀘어. 기존 아리랑광고에 이어서 2012년 뉴욕 타임스퀘어, 도쿄 신오쿠보역 월스트리트 유럽판에 집행되었다.

대국민 아리랑 프로젝트 2011/2012 광고영상들은 위의 사진들을 참고할 수 있다.

아리랑 프로젝트 광고영상은 크라우드 펀딩 전문업체인 인큐젝터와 광고 디자인을 총괄하는 디셀(Dcell)의 재능기부로 이루어졌으며 모금액은 광고 집행과 리워드(보상) 상품 제작에 사용하고, 목표를 초과하면 다음 광고 집행에 사용하게 된다.

대국민 아리랑 프로젝트를 진행 이유

 2011년 6월, 중국은 아리랑이 중국의 소수민족인 조선족들이 부르는 노래이니, 자국의 것이라는 이유로 중국 무형문화재로 지정을 하였으며 또한 유네스코에도 등재 신청을 시도해서 세계적으로도 아리랑이 중국의 것이라는 주장을 했었다.[63] 그러나 당시 우리나라가 먼저 유네스코에 아리랑 등재를 신청해 놓은 상태라 중국은 유네스코 등재에 실패하였다. 12월에는 프랑스 유네스코 본부에서 있을 심사에 통과를 하지 못한다면 아리랑이 한국의 것이라는 인정을 받지 못하게 되는 것이었다. 그러나 2012년 한국의 아리랑이 유네스코 인류무형문화유산으로 등재되었고 세계가 한국의 아리랑의 독창성과 보편성을 인정한 것이다. "한민족이라면 거의 모두가 아리랑을 알고 즐겨 부른다. 아리랑은 단일한 하나의 곡이 아닌 한반도 전역에서 지역별로 다양한 곡조로 전승되었다. 전문가들은 '아리랑'이라는 제목으로 전승되는 민요의 수가 약 60여 종, 3,600여 곡에 이르는 것으로 추정하고 있다."[64] 사실, 아리랑이라는 노래 하

---

63) 서경덕과 함께하는 대국민 '아리랑 광고 프로젝트'.

나만으로도 문화의 혼종성을 논할 수 있다.

아리랑은 "기본적으로 단순한 노래로서 '아리랑, 아리랑, 아라리오'라는 공통적으로 반복되는 여음과 지역에 따라 다른 내용의 사설로 발전했다. 가장 널리 알려진 대표적인 아리랑의 가사(사설)는 인간의 보편적인 감정을 표현"하고 있다.[65]

아리랑 아리랑 아라리요 아리랑 고개를 넘어간다. (여음)
나를 버리고 가시는 님은 십리도 못 가서 발병 난다. (사설)

아리랑의 사설은 "특정 개인의 창작물이 아니라 여러 세대에 걸쳐 한국 일반 민중이 공동으로 창작한 결과물이다. 따라서 사랑, 연인과의 이별, 시집살이의 애환, 외세에 맞선 민족의 투쟁 등 민중이 삶의 현장에서 느끼는 희로애락의 감정을 노랫말에 담았다."[66] 중국이 자신의 것이라고 주장하는 아리랑은 한국의 아리랑과 매우 유사함을 알 수 있다.

중국에서 자신의 것이라며 만든 아리랑 뮤직비디오

64) heritage.unesco.or.kr
65) 같은 글.
66) 네이버 지식백과.

유네스코 인류무형문화유산 등재를 앞둔 2012년 11월, 서경덕 교수는 대국민 성금을 모아서 '국민들이 직접 아리랑광고를 만들어 세계에 아리랑에 대한 국민들의 메시지를 전하는 프로젝트'를 기획하였다. 차인표, 박찬호, 안성기 등 유명 인사들이 무료로 출연하여 프로젝트에 뜻을 함께 하였다. 유네스코 심사(유럽에서 이루어지는 심사인 점을 감안하여 준비한 것으로 알 수 있음)에 영향을 주면서 동시에 유럽인들에게 아리랑이 우리나라 것이라고 알릴 수 있었던 가장 효과적인 장소, 유럽판 월스트리트 저널에 광고가 게재되었던 프로젝트였다.

6. 한산 모시짜기
(Weaving of Mosi (fine ramie) in the Hansan region)

'일에 이골이 나서…'[67] '이골이 나다'는 우리가 잘 알고 있는 속어이다. 몸에 푹 밴 버릇을 일컫는 이 말은 모시짜기에서 유래되었다는 설(說)이 있다. 모시짜기는 기다란 모시풀 줄기의 속껍질을 벗겨 물에 적시고 말린 '태모시'에서 시작된다. 굵은 태모시를 치아와 입술로 잘게 쪼개 머리카락보다 얇게 만드는 '모시째기' 과정은 모시의 품질을 결정하는 중요한 단계이며, 굵기가 얇고 일정할수록 좋은 옷감을 만들 수 있다. 하지만 반복되는 작업으로 입술과 혀가 찢어지고 부르트며 이 사이에 골이 생기는 고통을 감내해야 한다. 이 모습을 보고 '이골이 나다'라 표현하였다고 한다. 이렇듯 모시에

---

67) 임우기 외 1인(1997), 『소설 토지 용어·인물사전』, 솔출판사, 399쪽.

는 만드는 사람의 상당한 노력과 정신이 깃들어 있다. 모시는 고대부터 우리나라와 인도, 중국에서 재배되었는데 오늘날에는 한국, 중국, 인도뿐만 아니라 일본과 동남아시아 등 여러 곳에서 재배되고 있다. 우리나라의 모시와 더불어 중국과 일본에서 생산되는 모시를 알아보자.

우리나라에서 가장 높은 평가를 받는 모시는 '한산(韓山)모시'이다. 충청남도 서천군 한산면에서 생산되는 한산모시는 '밥그릇 하나에 모시 한 필이 다 들어간다.' 라는 말이 있을 정도의 섬세함과 특유의 단아함으로 우수성을 띠고 있다. 다른 나라 모시와 비교해 보았을 때 한산모시는 입을수록 윤이 나며, 중국산 모시는 세탁 후 잔털이 생기는 반면 한산모시는 잔털이 생기지 않는 것을 알 수 있다. 한산지역은 서해안을 끼고 있어서 토양이 비옥하고 해풍이 불어 모시풀이 잘 자란다. 1967년 한산 모시 짜기가 충청남도 무형문화재 제 1호로 지정되었으며, 2011년 유네스코 인류무형유산에 등재되었다.

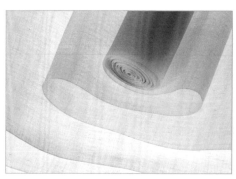

한산모시 옷감

서천군에서는 한산모시를 홍보하기 위해 매년 한산모시문화제를 개최한다.

우리나라에 '한산모시'가 있다면 중국에는 '완짜이(萬載) 시아푸'가 있다. '완짜이 시아푸'는 중국 장시성 이춘에 있는 완짜이현에서 생산하는 모시를 말한다. 명나라 시대에 완짜이현에서 생산된 모시와 징더전의 도자기, 차(茶)는 장시 3대 특산품이었다. 완짜이 시아푸의 제직 기술은 중국의 문화적 가치뿐만 아니라 역사적·경제적 가치를 포함하기 때문에 2008년 중국의 전통 수공기예 부문의 국가급 무형문화유산으로 분류되었다. 또한 중국은 마 자원이 풍부한 나라로 모시 생산량이 전 세계의 90%를 차지한다.

모시방적기술이 뛰어난 중국은 섬유질의 길이가 긴 것이 강점이다. 한산모시의 1필은 길이 21.6cm(36자), 폭 31m인 데 비해 중국모시의 1필은 길이 24cm(40자), 폭32cm이다. 하지만 섬유 직경이 굵어 한산모시보다 섬세하지 못하고 이음새가 많다. 이 때문에 세탁을 거치면 풀이 죽고 내구성이 약하다는 평을 받기도 한다.

중국의 주요 모시사업은 의류와 더불어 병풍, 문발, 부채와 같은 공예품, 그림을 위주로 하는 예술품이 있다. 모시실로 뜨개질을 한 옷도 개발하는 등 전통모시를 활용한 연구를 활발히 한다. 공예품 중에는 족자도 있는데, 모시로 족자를 만들어 일본으로 수출하기도

모시작업을 하는 쑹수야 씨

완짜이 시아푸로 만든 족자

한다. 모시를 주로 옷감에 사용하는 우리나라보다 적극적으로 모시를 활용하여 다양한 종류의 작품을 만들어 낸다.

또한 완짜이 시아푸에서 특이하게 나타나는 점은 일반적으로 여성이 이끄는 가내 작업 형태로 딸이나 며느리에게 전수하는 것과는 달리 중국에서는 남자들이 모시짜기를 하기도 한다는 것이다. 완짜이현 마부향 황촌에 사는 쑝수야 씨는 완짜이 시아푸 직조 기예의 국가 무형문화유산 전승자로 평생을 모시생산과 무역에 종사했다. 그의 아들 쑝타오는 아버지의 업을 계승해 마을에서 모시를 짠다.

일본의 가장 우수한 모시는 '오지야 지지미(小千谷縮)와 에치고 조후(越後上布)'이다. 오지야 지지미는 니가타현 오지야에서 생산되며 기존의 모시를 개량해 17세기에 개발했다. 잔주름이 있어 시원한 촉감이 특징이다. 에치고 조후는 니가타현 시와자와에서 생산되는 모시로 고급 모시직물에 속한다. 2009년 '오지야 지지미와 에치고 조후: 일본 니가타현 오우누마 지방의 모시 직조 기술'로 유네스코 인류무형유산에 등재되었다.

오지야 지지미

에치고 조후

니가타현은 1년에 절반 이상 눈으로 인해 고립되는 지역이다. 오지야 지지미와 에치고 조후는 이러한 독특한 기후를 잘 활용한다. 표백과정인 '유키사라시(雪晒し)' 방식은 모시를 짠 뒤 10~20일 동안 눈밭 위에 모시를 펼쳐놓는다. 흰 눈 때문에 강한 햇빛을 받고 오존 성분이 침투하면 모시의 색상이 더욱 밝아진다. 또한 옷감 짜는 사람의 몸에 두른 끈과 직기를 고정시켜 연결하는 것도 오지야 지지미와 에치고 조후의 특징이다. 이 외에도 여러 가지 특징이 나타나

눈 위에서 표백하는 '유키사라시' 방식

지만 특별히 염색 방식에 주목할 필요가 있다. '데쿠비리(手くびり)'는 염색단계에서 이루어지는 방식이다. 옷감을 염색하기 전 미리 문양을 정해서 면실로 실타래를 묶는데 이 과정을 데쿠비리라고 한다. 실타래를 묶어 염색을 하면 묶인 부분은 염색이 되지 않기 때문에 면실을 풀어 모시를 짜면 설계했던 문양이 만들어진다. 여기서 알 수 있듯이 한국의 모시는 담백함이 돋보이는 반면 일본의 모시는 화려하다.

이렇듯 각 나라별 모시는 비슷하기도 하면서 나라와 지역의 특색을 담아 다양하게 생산된다. 하지만 오늘날의 모시 생산 국가에서 공통적으로 나타나는 문제점은 전승자가 줄어들면서 모시직조기술의 명맥이 끊길 위기에 처했다는 것이다. 기성복을 주로 입는 현대사회에서 모시옷의 비중은 점점 낮아지고 있다. 현재 우리나라에서도 모시에 대한 긍정적인 인식을 높이고 보다 대중화하기 위한 방안으로 '한산모시축제', '한국과 일본의 인류무형유산, 모시짜기 특별전' 등 많은 행사를 개최한다. 이와 더불어 가장 중요한 것은 현대인들이 모시에 관심을 갖는 것이다. 모시는 관리가 어려울 것이라는 생각과는 달리 빨랫비누로 세탁이 가능하고 통풍이 잘 되어 더운 여름에 제격이다. 각국의 모시가 많은 사람들의 관심 속에 본연의 느낌을 살려 앞으로도 잘 보존되기를 바란다.

7. 매사냥, 살아 있는 인류 유산
(Falconry, a living human heritage)

7.1. 매사냥의 기원

매사냥은 야생 맹금류가 "사냥하는 습성에서 착안한 것으로, 기원전 3000년에서 2000년 사이에 중앙아시아 및 몽골 평원에서 발원"[68]했다. "인류가 가축을 기르기 시작한 것은 신석기 시대 후반의 일"이기 때문에, 신석기 시대를 전후해 매사냥도 생겨났다. "중앙아시아에서 발원한 매사냥은 이후 인도, 페르시아, 이집트 등 동서 국가로 전파"되었다. 칭기즈칸의 몽골제국 때 가장 번성했다.

시리아의 왕 2세의 기록에 "매사냥이 중동에 존재하였음을 확인할 수 있고, 5세기인 400년 훈족과 알라니족으로부터 매사냥이 유럽으로도 전해진다. 이후 엽총이 발명되는 17세기 후반까지 유럽 전역에서 매사냥이 성행하였다. 특히 영국 색슨 왕조 시기에 매사냥은 전성기를 누렸고, 신성 로마 제국의 프리드리히 2세는 십자군 원정 때 자신이 중동에서 본 매사냥을 소개하고 해설하는 책 『조류를 이용한 사냥 기술』을 라틴어로 번역했다. 이 책은 매사냥에 대해 포괄적으로 다룬 최초의 서적으로, 조류학과 동물학의 발전에도 큰 기여를 하였다는 평가를 받고 있다".[69] 동양에서는 몽골 초원을 거쳐 지금의 "만주지역의 원주민인 숙신에 의해 전승되던 것이 중국으로 전파, 고대 주 왕조 시대에 처음 출현하였고, 한 왕조와 당 왕

---

68) 매사냥, 위키백과.
69) 같은 글.

프리드리히 2세의 책(조류를 이용한 사냥 기술)

조에서 모두 매사냥을 즐겼다".70) 동양과 서양 모두 매사냥이 왕족, 귀족 중심으로 향유되면서 수렵이라기보다는 하나의 오락으로써 존재 가치를 지녔다는 공통점이 있다.

한국에서 "매사냥은 상당히 이른 시기부터 행해졌다. 고구려의 도읍지 국내성이 위치한 무덤의 그림, 삼국사기, 삼국유사의 기록 등이 이를 증명"71)한다. 우리나라의 매사냥의 기원은 정확하게 알 수 없으나 중국에서 전파되었을 확률이 높다.

책에 그려진 두 사람의 매사냥꾼

---

70) 같은 글.
71) 같은 글.

3~4세기 매사냥 그림

인도의 고전 매사냥 그림

고구려시대 고분 삼실총 벽화에 있는 매사냥 그림

7.2. 한국의 매사냥

　오랜 전통을 가지고 있으나 현재 한국의 매사냥은 가까스로 명맥을 이어가고 있는 추세이다. 이유로는 6.25전쟁과 산업화로 인해 매들이 살아갈 환경이 부족하게 되었고, 전통문화에 대한 사람들의 인식이 부족했기 때문이다. 그렇기에 현재 남아 있는 응사(鷹師)72)

---

72) 매를 길들이거나 매 사냥을 하던 사람. 고려 말 조선 초기 응방(鷹坊)에 속한 특수한 신분층으로서, 금수(禽獸)를 잡아 궁중의 제사나 공상(供上)에 바쳤음. 조선 초 병조에서 관할하던 사복시(司僕寺)의 응사(鷹師)는 3패(牌)로 나뉘어 패마다 번갈아 번상(番上)하였으며, 내응사(內鷹師)와 외응사(外鷹師)를 두어 운영하였음. [유사어] 응인(鷹人).『한국고전용어사전』, 2001. 3. 30, 세종대왕기념사업회.

들과 관계자들이 매사냥을 되살리고자 노력하고 있다.

매사냥에 관해서 중요한 것이 하나 있다. 매사냥은 2010년에 세계무형문화유산으로 등재되었다. 대한민국(Republic of Korea), 아랍에미리트(United Arab Emirates), 오스트리아(Austria), 벨기에(Belgium), 체코 공화국(Czech Republic), 프랑스(France), 헝가리(Hungary), 몽골(Mongolia), 카타르(Qatar), 모로코(Morocco), 사우디아라비아(Saudi Arabia), 스페인(Spain), 시리아(Syrian Arab Republic) 등 11개국이 동시에 등재하였는데, 그 이유는 매사냥은 국가적 배경은 달라도 보편적 가치, 전통, 기술을 공유하기 때문이라 한다. 가치, 전통, 기술을 공유하는 점에서 유사성을 가지기도 하지만 지형적, 사냥감의 종류 등에 따라 전통이 다채롭기도 하다. 여기서 매사냥과 더불어 문화적 혼종성을 아주 잘 볼 수 있는 것이다. 그 문화적 혼종성을 지역별로 살펴보기로 하자.

7.3. 중동지역의 매사냥과 비교

현재 세계에서 매사냥이 가장 발달한 지역이 중동지역이다. 중동지역에서는 매사냥 경주대회가 국민적으로 큰 관심사이다. 아랍에미리트의 국기에는 매가 있으며 국가의 상징이기도 하다. 그들은 매 병원, 매의 유출을 막기 위한 매 여권 등 매사냥 문화를 보존하고자 엄청난 국가적 노력을 하고 있다. 우리나라와의 차이점이라면 우선 국가적, 국민적인 관심의 차이가 심하다. 또한 매사냥 문화를 보존해 나가겠다는 의지가 강하다. 하지만 중동 매사냥 문화의 단점은 일부 고위층들이 자신들의 부와 명예를 과시하기 위해 매를 사용하기도 한다. 비싼 매를 사들이고, 밀수를 하는 등 단점도 분명히 존재한다. 매사냥은 매사냥꾼이 새를 뒤쫓을 수 있는 개활지에 따라 결정된다. 즉 매의 서식지에 따라 매사냥을 할 수 있는지, 없는지가 결정된다. 이런 지형의 차이에 따라 매사냥의 사냥방식도 고유하게 발달했다. 중동지역은 사막이 주로 있으며 넓은 개활지가 특징이다. 그렇기 때문에 장거리를 비행하는 매를 주로 사용하며, 훈련방법 또한 긴 거리를 날 수 있도록 비행훈련을 시키는 것이 한국과의 차이라 볼 수 있다. 최근에는 무인기를 사용한 비행훈련을 시행하기도 한다. 한국의 지형은 산림지대 및 혼합농지에서는 참매처럼 단거리용 매를 선호한다. 이것 또한 나라별 차이라 할 수 있다.

7.4. 유럽지역의 매사냥과 비교

인류무형문화유산에 매사냥으로 등재된 나라중 유럽 국가는 오스트리아, 벨기에, 체코, 프랑스, 헝가리, 스페인이다. 그 외에도 다양한 국가들이 매사냥을 보존하고 있다. 유럽지역은 초원, 산림지대가 함께 존재해 참매 같은 단거리를 비행하는 새와 날개가 큰 새 모두 이용한다. 유럽 지역의 특징으로 유럽의 매사냥꾼들은 경기

매사냥에 나가기 전 미사 드리는 모습

매사냥을 함께 나가는 사교모임

매사냥 클럽   나라의 문화를 어린 아이에게 가르치는 모습

대회 같은 특별한 국내외 사교 모임에 함께 참여하는 경우가 많다. 사냥감 자체를 위해 사냥하는 것이 아니라 사냥 중의 좋은 경험을 위해 사냥을 한다고 한다. 또한 많은 유럽 국가들이 사냥의 성공을 기원할 수 있도록 성당에서 미사를 올리는 전통도 가지고 있다.

7.5. 미국의 매사냥과 비교

미국은 우리와 같은 오랜 매사냥의 전통은 없으나, 좋은 자연적 조건 아래 매사냥이 급 발전했다. 자연주의자들과 정부의 노력으로 맹금류가 증가 추세에 있으며, 1400명의 회원을 보유한 북아메리카 매사냥꾼협회가 매사냥을 대표하고 있다. 총기사냥이 주류를 이루는 미국에서 매사냥은 자연 친화적이고 이상적인 수렵활동으로 인식되며 발전되었다. 미국이 이렇게 짧은 기간에 발전할 수 있었던 것은 명분보다는 실용주의 사고를 가지고 대중적 공감대를 얻었기 때문이다. 우리나라와의 차이를 들자면 투자, 관심, 노력이 있을 것이며, 미국의 좋은 자연적 조건 또한 그들의 발전 이유일 것이다.

7.6. 일본의 매사냥과 비교

일본의 매사냥 문화는 삼국시대에 백제가 전해준 것으로 전해진다. 일본의 왕이 매사냥을 매우 좋아해 많은 백제인들이 일본으로 건너가 매사냥을 하였다. 임진왜란 당시에도 우리나라의 매를

매를 모시는 신사

많이 강탈해 갔으며, 전쟁 후에도 통신사를 통해 많은 매를 가져갔다고 한다. 근대의 일본의 매사냥 문화는 일본 매사냥의 종주국인 한국보다 훨씬 발전해 있다. 그들은 선조들이 전해준 매사냥 문화를 소중히 여기며, 옛 전통과 현대 과학을 이용해 발전했다. 현재 일본 전통 매사냥 협회를 포함하여 여러 단체가 활발한 활동을 하고 있다.

7.7. 중국의 매사냥과 비교

중국에서 매사냥이 최고로 성행한 시기는 한나라와 당나라 시대이다. 우리나라가 중국에 의해서 매사냥에 관련한 영향을 많이 받았다. 원나라 황제는 1만 명 이상의 병사로 대대적인 매사냥을 하였다고 전해진다. 그 당시 원나라의 영향을 받던 고려도 왕실과 민간인 사이에 매사냥 문화가 급격히 발전했다고 한다. 중국은 매사냥하기에 좋은 자연 조건을 갖췄으며, 매사냥의 인기도 높았다. 현대에

원나라 세조 쿠빌라이의 매사냥 장면

는 잠시 금지되었으나, 정치노선이 개방, 개혁으로 돌아선 후로 소수
민족에 의해 매사냥이 부활되어 계승되고 있다. 중국과는 공통점이
많다. 이유는 우리가 중국에게서 매사냥에 관한 영향을 많이 받았기
때문이다. 또한 현재에는 교류활동이 자주 진행되고 있다.

7.8. 몽골의 매사냥과 비교

대자연의 넓은 평원을 가지고 있는 몽골은 지리적으로 모든 조건
이 매사냥하기에 좋으며, 예부터 기마 유목 민족으로써, 매사냥을
잘 하기로 유명하다. 그들은 우리나라만큼 매사냥의 전통을 가지고
있으며, 대형 맹금류인 검독수리를 사용하기도 한다. 현재는 옛날
처럼 매사냥하는 사람이 많지 않고, 소수지역에서 전통 민속 유지
차원에서 사냥을 하고 있다. 몽골정부는 매사냥을 관광 자원화하여
적극적인 장려와 지원을 하고 있다. 매사냥에 특화된 나라이며, 기
원지인 이 나라 또한 우리나라에 영향을 많이 줬었다고 전해진다.
몽골제국이 이름을 날릴 때 많은 문화 중에 매사냥 또한 들어왔다
고 한다.

검독수리를 이용한 매사냥을 하는 몽골(중앙아시아 매사냥의 특징)

제3장

일반 전통문화와 문화적 혼종성

1. 탈춤의 문화적 혼종성

한국에는 현재 여러 지방에 상당수의 가면극이 전승되고 있다. 그러나 이러한 가면극들의 기원과 발전 과정에 대해서는 학자들 사이에서 의견이 대립되고 있기 때문에, 새로운 방향에서의 논의가 필요하다. 그렇기 때문에 이 글에서는 한국의 가면극만을 대상으로 하는 것이 아니라 한국과 같은 동아시아권에 속한 나라의 가면극들에 대한 기원과 발전 과정을 다루면서 한국의 가면극에 어떠한 영향을 미쳤는지 다루도록 하며, 서구에서 나타난 동아시아권의 가면극과 흡사한 문화에 대해서도 이야기할 필요가 있다.

1.1. 동아시아 국가의 가면극

동아시아는 중국의 문화가 크게 영향을 끼친 지역이다. 그래서 중국, 한국, 일본 등 동아시아 국가들의 가면극은 유사한 발전 과정을 보인다. 그래서 모두 나례라는 구나의식에서 연행되던 산악(散樂) 계통의 놀이가 전문적인 놀이꾼에 의해 발전하여 각 나라의 대표적인 가면극이 성립되었다.[1] 중국의 '나희(儺戲)'와 일본의 '노오(能)'가 그 대표적인 예이다. 이외에도 같은 동아시아권에 속하지만 자신들만의 독자적인 문화를 형성한 티벳의 가면극이 존재하기도 한다. 동남아시아의 미얀마, 캄보디아, 인도네시아, 라오스, 말레이시아, 필리핀, 싱가포르, 태국, 베트남은 남아시아와 동아시아 양쪽의 영향을 모두 받아 융합시켰다. 동남아시아의 가면극들은 흔히 인도의 서사시 〈라마야나〉와 〈마하바라타〉를 연극화한 경우가 많으며,[2] 다른 가면극들이 파생한 경우도 많다. 그 외에 태국에는 콘(Khon), 노라(Nora), 인도네시아는 토펭(Topeng), 자우크(Jauk)라는 가면극이 존재한다.

1.2. 한국 가면극의 기원과 발전 과정

한국에는 1930년대까지 전국적으로 수많은 가면극들이 전승되어 오고 있었으나, 현재는 많은 부분들이 사라진 상태이다. 한국 가면극의 기원에는 다양한 학설이 있으나, 본산대놀이 계통 가면극과 마을굿 계통 가면극으로 나누어 본다고 할 때, 서울 경기 지역의 산대놀음, 황해지역의 봉산탈춤, 강령탈춤, 은율탈춤 그리고 경남지역의 오광대 계통에 속하는 탈춤들이 본산대놀이 계통 가면극에 속한다고 볼 수 있으며 하회별신굿탈놀이, 강릉관노가면극 등은 마을굿 계통의 가면극으로 볼 수 있다. 두 계통의 가면극은 놀이의 내용 자체가 많이 다른데 이것은 형성 과정의 차이로 인해 발생한 것이라고 볼 수 있다. 그러나 마을굿 계통의 가면극들도 현재는 본산대놀이 계통 가면극의 영향을 받아 많이 변화하였다.

---

1) 전경욱(1998), 「세계 여러 나라 가면극의 기원과 발전과정」, 한국민속학회, 290쪽.
2) 전경욱(1998: 291)

한국의 가면극은 삼국시대에 유입된 '산악(散樂)'3)이 여러 시대를 거치며 발전하고 형성된 것인데 이 산악을 놀았던 놀이꾼들은 전문적인 놀이꾼들 이었고, 이들의 후예가 조선시대 나례도감에서 행해진 산대놀음을 행하였고 이러한 놀이들은 백희 또는 잡희라고 칭해졌는데 이것은 중국에서 유입된 산악 계통의 놀이에 속한다. 이 산악 계통의 놀음을 하였던 종사자들은 외국의 사신들을 영접할 때 동원되어 연극을 진행하였고, 그러한 과정에서 산대놀이라는 가면극이 형성되었다. 이때 형성된 산대놀이를 현재의 양주별산대놀이나 송파산대놀이와 구별하기 위해 본 산대놀이라고 부르고 있으며, 이것은 중국의 나례에서 진행하던 놀이가 발전하여 중국의 가면극인 '나희(儺戲)'가 만들어진 것과 유사한 사례라고 볼 수 있다.

일본에서는 나라(奈良)시대(718~798)에 중국과 한국으로부터 받아들인 산악이 사루가쿠(猿樂)라고 불리면서 궁중의 놀이, 신사의 제례 등에서 행해졌다. 놀이의 내용 자체는 중국의 산악과 유사한 성향을 띄고 있지만 시대의 변화에 따라 사루가쿠는 '노오'로 발전하게 되었고 이것은 현재 일본의 대표적인 가면극이다.

이러한 과정에서 볼 때 한국과 중국, 일본은 가면극이 성립하는 과정에서 서로 영향을 미친 부분이 많다고 볼 수 있다. 세 나라 모두 전문적인 직업을 가진 놀이꾼들이 궁중의 나례에서 놀이를 행하였고 이들이 자국의 대표적인 가면극을 형성하는데 기여하게 된 것이 공통적으로 나타나고 있다.

한국의 산악은 4세기 이전부터 고구려에서 행해졌다고 하며, 통일신라시대 최치원이 지은 한시 「향악잡영」에서는 가면극과 관련

---

3) 중국 고대에 행해진 너저분한 춤.

된 내용이나 사자춤을 묘사하는 내용이 나오기도 한다. 그렇기 때문에 중국과 일본의 산악과 유사한 놀이들은 한국에서도 삼국시대 이래 현재까지 계속해서 진행되어 왔음을 알 수 있고 이 놀이들은 전문적인 놀이꾼들이 행할 수 있었던 연희이며, 이 놀이꾼들에 의해 새로운 사회적 환경 속에서 점차 변화하여 현재의 가면극이 성립된 것이다.

1.3. 한국 가면극과 이탈리아의 코메디아 델 아르떼 (Commedia dell'arte)

한국의 가면극은 얼굴에 가면을 쓰고 추는 전통춤이며, '탈놀이'라고 불리는데 이는 신라시대부터 고려, 조선을 거치며 특유의 민속무용으로 발전하게 되었다. 코메디아 델 아르떼는 16세기 중반 이탈리아를 시작으로 유럽, 특히 프랑스 등에서 18세기까지 번성했던 다중연극의 한 형태를 말한다.[4]

1.3.1. 한국 가면극과 코메디아 델 아르떼의 유사점

한국의 가면극과 이탈리아의 코메디아 델 아르떼는 유사한 점이 많다. 대표적으로 대본이 존재하지 않고 유형화된 인물이 존재하며, 희극적, 민중적인 연극이라는 점이 유사하다고 볼 수 있다. 또한 두 연극 모두 가면을 활용하여 진행되며 즉흥적인 연기를 중심으로 진

---

4) 임정미(2014), 「가면극 공연 의상 디자인 비교 연구」, 『한국복식학회지』 64(8), 한국복식학회, 125쪽.

행되기 때문에 대본에 의존하지 않는 연극에 속한다. 그리고 한국에서의 가면극은 같은 이름과 성격을 가진 인물이 다른 연극에서도 똑같이 나타나는 경우가 많은데 이는 코메디아 델 아르떼에서도 나타나는 특성이며 이러한 동일 인물의 여러 차례에 걸친 반복 출연에 의하여 관객들은 그 인물의 성격과 특징을 알 수 있게 된다. 그리고 두 연극 모두 희극적으로 나타나는 민중연극이라는 공통점을 지니는데, 한국의 탈춤에서 말뚝이는 양반을 농락하는 일을 주로 하며 양반의 거짓된 모습을 풍자하는데 코메디아 델 아르떼에 등장하는 아르레키노(Arlecchino)는 자신의 주인을 비판하며 권위를 떨어뜨리는 풍자와 비판의 역할을 맡고 있다는 점이 유사하다.

1.3.2. 한국 가면극과 코메디아 델 아르떼의 공연의상 디자인 비교[5]

〈표 1〉 한국전통가면극과 코메디아 델 아르떼 등장인물 캐릭터 및 공연의상 비교 분석

	Character 분석		가면극	가면극 공연의상	공연의상 분석
주인형	사회 지배층 현학적인 척하나 허풍으로 무식을 폭로하는 인물 유형	한국전통 가면극	양반 http://www.culturecontent.com	*양반: 조선시대 기본복신 흰색 바지저고리, 옥색도포, 술띠, 장죽, 부채, 고무신 착용, 나장관모 착용으로 간혹 엄격한 복식제도 위반	• 의상은 디자인 변형 없음. • 가면으로 성격 특징 부각시킴.
		코메디아 델 아르떼	Dottore http://italian.about.com	*돗토레: 큰 리프카라 착용으로 어린이 같은 유치함. 비정상적 뚱뚱한 연출 위해 피스커드밸리 더블릿으로 배 보조장치 사용	• 비정상적으로 큰 의상 연출로 사회적 지위와 허세를 동시에 반영

---

5) 임정미(2014: 133).

	Character 분석	가면극		가면극 공연의상	공연의상 분석
하 인 형	줄기찬 민중의 생명력을 보여주고, 극의 재미를 이끌며 지배계층에 대한 풍자와 비판을 은유적으로 표현하는 인물유형	한국전통 가면극	말뚝이 http://www.cultu recontent.com 취발이 http://www.cultu recontent.com	*말뚝이: 일반적 형태의 흰색 바지, 저고리검은색 더거리 착용 *취발이: 흰색 바지, 저고리 붉은색 더거리에 흰색 점무늬, 방울	• 일반적 사회 하위 계층 의상 착용으로 디자인 변화 없음. • 방울과 가면으로 성격 부각시킴
		코데디아 델 아르떼	Arlecchino http://italian.abo ut.com Brighella http://italian.abo ut.com	*아르레키노: 리프 칼라, 푸르푸앵, 쇼오스 착용. 그린, 레드, 엘로우 등 다양한 컬러의 마름모꼴, 삼각형조각 이어붙인 패치워크가 명확한 형태로 디자인화되어 의상 전체 문양으로 사용됨. *브리겔라: 기본 복식 착용하고, 흰색 의상 위에 그린 컬러 다이아몬드 문양 배치	• 다양한 컬러의 다이아몬드 문양을 패턴화하여 의상 전면에 사용. • 컬러와 패턴의 배치를 자유롭게 변형하여 디자인화함.

위에서 보는 바와 같이, 한국의 가면극은 공연의 형태가 변화하거나 현대화를 거치는 과정에서도 의상의 큰 변화가 없는 상태를 유지하지만 코메디아 델 아르떼의 경우는 다양한 형태의 변화를 가지는 것을 볼 수 있다. 변화의 특징은 공연 속의 캐릭터를 부각시킬 수 있는 의상을 착용하였다는 것이 큰 특징인데 이를 통해 그 인물의 성격이나 특성을 더욱 효과적으로 나타낼 수 있게 된다. 이런 의미에서 볼 때 한국의 가면극, 즉 탈춤도 시대의 변화에 맞추어 의상의 디자인을 변화시킬 수 있다면 시대를 읽는 문화의 단초 역할도 하고 문화적 혼종성을 잘 드러낼 수 있을 것으로 볼 수 있다.

1.4. 한국 가면극의 진일보

현대의 문화계는 문화의 원형을 발굴하고 보존하며 전승해 나가는 것에 중점을 맞추고 있다. 하지만 일부 너무 보존하는 데에만 초점을 맞추고 있지 않는가라는 우려도 있다. 해외의 가면극의 경우 시대상에 맞게 변화하여 다양한 형태로 나타나는 경우가 많은데 한국의 가면극도 이러한 부분을 일부 받아들여 다양한 변화를 통해 여러 가지 형태로 나타나게 되면 좋을 것이다. 동아시아권에서 중국의 영향을 많이 받아 형성된 현재의 가면극에서 조금 더 한국인의 고유한 정서에 맞추어 변화를 거듭하여 독자적인 문화를 형성하는 것은 한국 문화 발전에 큰 도움이 될 것이다.

혼히 한국의 탈춤이 한국에서 나타난 고유한 문화로 알고 있을 수 있다. 그런데 실상은 중국의 영향을 크게 받았다는 사실이다. 또 서구에서도 코메디아 델 아르떼와 같은 가면 공연극이 존재한다는 것을 주목할 필요가 있다. 그리고 모든 가면극은 그 사회를 풍자하거나 비판하는 기능이 공통적으로 나타나는 것을 보아 각각의 나라에서 사회적 분위기에 맞게 형성되고 변화하는 것은 맞지만 그 틀은 비슷하다는 것을 알 수 있다. 앞으로도 계속되는 노력을 통해 한국의 탈춤이 더 많이 발전하고 고유한 특성을 가진 문화로써 인식되며 계속하여 전승되기를 바라는 바이다.

2. 한국의 전통악기와 외국의 전통악기

2.1. 가야금과 유사 악기들

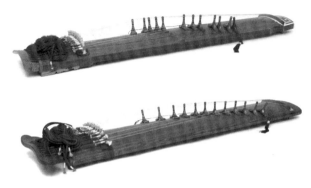

가야금

가야금의 옛 이름은 '가얏고'라고 한다. '가얏고'란 '가야'와 '고' (현악기의 옛말)를 합친 단어다. 줄은 12줄로 이루어져 있으며 음색 은 가냘프고 여성적이다. 현대에는 13현부터 25현까지 다양하게 개 량되었다. 명주실을 주재료로 하는 악기이고, 한반도의 고유음악인 향악(鄕樂)의 연주에 사용되는 향부 악기이다.

한국의 전통 악기인 가야금과 유사한 악기를 알아본다면 **일본의 고토**(koto)라는 악기가 유사하다.

고토는 일본의 전통 악기이다. 중국의 고쟁에서 유래되었다고 하 며 발현악기에 속한다. 비슷한 유래를 가진 한국의 가야금과 비슷 하나, 쯔메(손톱)라고 불리는 인조 손톱을 끼고 연주한다는 점이 다 르다. 가야금은 손가락의 살로 현을 뜯기 때문에 고토 쪽이 좀 더 크고 차가운 소리가 난다.

고토 사진

야마다류의 쯔메

이쿠타류의 쯔메

　고토는 13줄이다. 가야금의 안족과 같은 "13개의 지가 줄을 받치고 있는데 지는 주로 상아를 깎아서 만든다. 줄은 명주실을 꼬아서 만들 지만 줄을 팽팽하게 매기 때문에 잘 끊어져 최근에는 나이론과 같은 합성섬유로 만들기도 한다. 악기의 몸통은 오동나무로 되어 있다. 오른손의 엄지, 식지, 장지에 상아로 만든 골무모양의 쯔메를 끼우고 연주"하는데, 야마다류에서는 둥근 쯔메를 사용하고 이쿠타류에서 는 사각형의 쯔메를 쓴다. "전통적으로 연주자는 무릎을 꿇고 앉아 악기를 바닥에 놓고 연주하지만 요즘은 고토를 받침대 위에 놓고 의자에 앉아서 연주하기도 한다. 악기의 길이도 유파에 따라 조금 달라, 이쿠타류의 고토는 약 191㎝이고 야마다류는 약 182㎝이다."6) 창작음악에는 전통적인 13현 고토 외에 개량고토인 17현의 저음 고토인 주시치겐이나 20현 고토, 30현 고토 등이 사용되기도 한다.

가야금의 오른손 수법에는 엄지, 식지, 장지로 줄 위를 뜯는 기본적인 수법 외에 '뜰'과 '싸랭', '슬기둥', '튕기는 수법' 등이 있다. 이 중 '뜰'은 엄지로 줄 아래에서 위로 떠서 내는 수법으로 반드시 엄지로 뜯은 다음에 이어서 뜰이 나온다. 이 수법은 고토의 '스쿠이즈메'와 같다. 스쿠이즈메는 평상시 뜯는 방향과 반대방향으로 엄지로 줄 아래에서 위로 떠서 소리 내는 수법이다. 가야금의 뜰과 같이 일단 엄지로 뜯은 다음에 이어서 스쿠이즈메가 나온다. 가야금의 '싸랭'은 옥타브 관계에 있는 두 줄을 장지와 엄지를 사용하여 거의 동시에 뜯는 수법으로 고토의 '아와세즈메'와 비슷하다. 아와세즈메 역시 옥타브 관계에 있는 두 줄을 장지와 엄지를 사용하여 거의 동시에 뜯는 수법이다.[7] 고토는 쯔메를 끼고 연주하기 때문에 가야금의 튕기는 수법과 같은 것은 낼 수 없다.[8]

가야금과 유사한 악기는 고토 이외에도 동아시아의 친척악기로 중국의 고쟁(구정, guzheng), 몽골의 야탁(Yatga), 베트남의 단트란(단짜인, Đàntranh) 등이 있다. 고토는 중국의 고쟁의 영향을 받았다고 할 수 있다.

고쟁은 진나라 때부터 사용되었던 오래 된 악기이며, 중국의 발현악기이다. 또한 좀 더 고형의 악기들인 금, 슬 등의 영향을 받아서 발전되었다는 설이 가장 일반적인 설명이고 인도, 서아시아, 메소포타미아 등지에서 사용되던 악기가 중국에 도입된 후 독자적으로 중

---

6) [kin.naver.com] 〈모든 일본전통악기를 알려주세요.〉

7) 김기수·최충웅(1988), 『가야금정악』, 은하출판사, 11~12쪽; 安藤政輝 저(1986), 吉川英史 감수, 『生田流の箏曲』, 東京: 講談社, 122쪽, 134쪽.

8) 이지선(2007), 「한국과 일본의 전통실내악 비교: 줄풍류·가곡과 산쿄쿠(三曲)를 중심으로」, 『한국음악연구』 42, 한국국악학회.

송대의 고쟁

국화한 것이라는 설 등이 있다고 한다. 고쟁은 15~25줄의 현이 달려 있다. 이 중 21줄이 일반적이다. 원래는 비단으로 만든 현을 사용했으나, 20세기에 접어들면서 주로 금속제 현을 사용하게 되었다.

고쟁은 나무 몸통에 명주실과 브릿지로 이루어져 있기 때문에 가야금의 모양과 흡사하다. 20세기부터는 명주실 대신 나일론의 스틸 스트링을 사용했다.

연주의 테크닉은 오른손의 4손가락에 피크를 끼우고 연주하게 되며, 현을 아래에서 위로 깊이 짚어서 잡아 뜯는 것이 아니기 때문에 소리의 깊은 맛보다는 가볍고 얇은 느낌이다.

다음으로는 가야금과 유사한 베트남 악기 단트란 역시 중국의 고쟁으로부터 유래한 베트남의 전통 발현악기이다. 길이는 110cm이며 비교적 몸통이 작은 편이다. 나무로 된 몸통에 V자 모양의 브릿지와 철로 만들어진 현을 가지고 있다. 원래 단트란은 16개의 현을

단트란 사진

가지고 있었으나, 1950년에 개량되어 17현으로 개량되었다.

단트란의 음악은 대체로 밝고 활기차다. 주로 솔로 연주를 한다. 단트란은 오른손으로 두 개 혹은 세 개의 손가락으로 현을 뜯으며 연주한다. 단트란은 바닥에 앉아서 연주하기도 하고 무릎 높이 정도의 악기받침을 이용해 악기를 올려놓고 연주자는 의자에 앉아서 연주하기도 한다. 악기의 넓은 쪽 끝부분이 연주자 쪽에 오도록 놓고 오른손으로 줄을 뜯으면서 왼손으로는 현의 장력을 이용해서 현을 누르거나 흔들며 다양한 음색을 표현한다.

연주자들은 손톱이나 몽단(기타의 피크처럼 현을 튕기는 도구: 고리에 뾰족한 손톱과도 비슷한 납작한 판이 달린 형태)을 사용해서 현을 뜯으면서 악기를 연주한다. 몽단을 사용하는 방법은 지방마다 다른데 베트남 남부에서는 몽단을 연주자의 오른손 엄지와 집게손가락에 씌우고 연주를 한다. 반면 베트남 북부나 중부의 전통은 엄지와 집게, 가운뎃손가락에 몽단을 끼고 세 손가락을 모두 사용하여 연주한다.

가야금은 손가락을 사용하여 뜯거나 튕기지만 단트란은 손톱을 사용하거나 몽단을 사용한다는 점에서 가야금의 연주 방법과 차이가 있다.

2.2. 거문고와 유사 악기들

거문고

130

샤미센

    거문고는 "가야금과 달리 정악과 민속악을 연주할 때 악기를 구분하지" 않는다. 줄은 6줄로 이루어져 있으며 음색은 매우 남성적이다. 또한 거문고는 각 줄마다 이름이 있으며 대나무로 만든 술대로 뜯으며 연주를 한다.

    "거문고는 가야금과 함께 한국을 대표하는 발현악기이고, 샤미센은 고토와 함께 일본을 대표하는 발현악기이다."[9] 거문고는 옆으로 뉘여 타는 치터(zither)[10]계의 악기로 괘가 있고, 샤미센은 목이 있는 류트[11]계의 악기로 줄 받침대만 있을 뿐 괘는 없다. 이렇듯 "거문고와 샤미센은 외견상으로는 공통점이 없는 악기"로 보이지만 서로 유사성을 띠고 있다.

    먼저 악기의 구조와 재료로 이 두 악기를 살펴 볼 수 있다. "6줄로 된 현악기인 거문고는 상자식으로 짠 공명통 위에 고정된 16개의 괘와 가야금의 안족처럼 움직일 수 있는 3개의 현주로 이루어졌다. 줄은 명주실로 만들고, 6줄의 이름은 문현, 유현, 대현, 괘상청, 괘하

---

9) 이지선(2007).
10) 목이 없는 납작한 현악기. 오스트리아와 독일 음악과 관련 있다.
11) 16세기를 중심으로 유럽에서 유행했던 발현악기.

청, 무현이라고 부른다." 샤미센은 중국의 산시엔이 오키나와에 전해져 산신이 되었고 후에 일본 본토에 전해져 생겨난 악기이다. 몸통은 네모난 나무틀의 앞뒷면에 고양이가죽이나 개가죽을 대고, 몸통의 나무틀 사이에 긴 목을 통과시킨 구조로 되었다. '샤미센'이라는 이름에서 알 수 있듯이 세 줄을 가졌고, 재료는 명주실을 사용한다. 샤미센의 특별한 줄 이름은 없지만 샤미센의 선신이자 현재에도 오키나와에서 연주되고 있는 산신은 줄 이름을 남현, 중현, 여현이라고 부른다.12)

거문고는 가야금과는 달리 손가락으로 튕기지 않고 대나무나 자단 등으로 만든 술대로 연주한다. 악기의 몸통에는 술대를 내려치는 부분에 가죽을 대는데 이를 대모라고 한다. 대모를 붙이는 이유는 술대로 내려치는 연주법으로 인해 악기의 나무가 상하지 않기 위해서이다.13)

샤미센의 원류인 중국의 산시엔은 손톱으로 줄을 뜯고 오키나와의 산신은 물소 뿔이나 상아로 만든 골무모양의 쓰메를 검지에 끼고 연주하는 데 비해, 샤미센은 '바치'라는 주걱모양의 채로 연주한다. '바치'는 주로 상아나 바다거북의 등껍질로 만들고 연습용으로는 나무로 만든 것을 사용하기도 한다. 위에서 아래로 내려치는 연주법이 많기 때문에 몸통의 가죽이 상하기 쉽다. 가죽은 나무에 비해 쉽게 상하거나 터질 수 있어 이를 방지하기 위해서 '바치'가 닿는 부분에 몸통과 같은 색깔의 가죽을 덧댄다.14)

거문고와 샤미센은 연주법으로 문화 혼종성을 살펴 볼 수 있다.

---

12) 이지선(2007).
13) 이지선(2007).
14) 이지선(2007).

먼저 거문고는 술대를 오른손에 쥐고 줄을 위에서 아래로 치는 수법이 가장 많이 쓰인다. 술대를 줄 위로 높이 들어 수직으로 세게 타는 '대점', 술대로 줄을 약하게 타는 '소점', 술대를 줄에 댄 상태에서 힘 있게 눌러 타는 '이겨치는 법'이 있고, 두 개 이상의 현을 문현과 함께 순차적으로 소리 내는 '살갱'과 '슬기둥', '싸랭'이 있다.15) 이 외에 술대를 줄 아래에서 위로 뜯는 수법으로 '뜰'이 있다.16)

샤미센도 '바치'를 오른손에 쥐고 위에서 아래로 치는 수법이 가장 많이 사용된다. 또한 샤미센의 오른손 주법은 거문고의 그것과 비슷한 것이 많다. 오른손 손목을 강하게 내려 '바치'를 악기 몸통에 강하게 치는 수법은 '다타키바치'라고 하는데 거문고의 대점과 비슷하고, 손목에 힘을 빼서 약하게 치는 수법은 '가스메바치'라고 하여 거문고의 소점에 해당한다. '바치'를 줄에 댄 상태에서 눌러 타는 수법은 '오시바치'라고 하는데 이것은 거문고의 이겨치는 법과 같고, '바치'를 줄 아래에서 위로 뜯는 '스쿠이바치'는 거문고의 뜰과 동일하다. 또한 거문고의 살갱이나 싸랭처럼 두 개의 현을 순차적으로, 또는 동시에 소리 내는 '아와세바치'라는 수법도 있다. 현대음악에서는 슬기둥처럼 3현을 '아와세바치'로 하는 경우도 있다.17)

거문고와 샤미센은 왼손 주법에서도 유사점을 찾을 수 있다. 본음에서 흘려 한음 낮게 내는 거문고의 '퇴성'은 샤미센의 '스리사게'와 비교된다. '스리사게'는 본음을 낸 후 누르고 있던 왼손가락을 움직임으로써 음을 낮게 하는 수법이다. 본음을 밀어 올려 한음 높게 내는 '추성'은 왼손가락으로 음을 높게 하는 '스리아게'와 비슷하

15) 송혜진(2014), 『한국악기』, 열화당, 87쪽.
16) 이지선(2007).
17) 平野健次(1984), 『日本芸能セミナー第三味線音楽』, 東京: 白水社, 130~131쪽.

고, 줄을 빠르게 굴려 내는 '전성'은 줄을 빠르게 밀어 내는 '고키'와 유사하다. 이 외에 거문고 수법에는 술대를 쓰지 않고 왼손 엄지나 검지로 내는 '자출'이 있다. 자출은 선율이 올라갈 때는 손가락으로 치고, 내려갈 때는 뜯는다. 샤미센의 수법에는 거문고의 자출과 같이 '바치'를 사용하지 않고 왼손가락으로 내는 수법이 있다. 왼손가락으로 샤미센의 목(음정을 만드는 부분)을 치는 수법으로는 '우치'라는 것이 있고, 뜯는 수법으로는 '하지키'가 있다.[18]

거문고는 술대를 위에서 아래로 내려침으로써 술대가 바닥에 부딪히는 소리가 나는데, 이 소리는 현의 음색과 함께 강한 울림을 발생한다. 이러한 점은 거문고가 현악기이지만 손가락으로 뜯는 가야금과는 다르게 타악기적인 요소를 함께 지니고 있다고 할 수 있다. 샤미센은 몸통이 북과 같이 앞뒤가 가죽으로 되어 있다. 이러한 구조는 '바치'를 위에서 내려치면서 줄의 울림과 동시에 가죽과 '바치'가 부딪히면서 북이 울리는 효과를 낸다. 이러한 효과는 샤미센의 여러 장르 중 '쓰가루샤미센'에서 가장 많이 나타난다. 즉, 샤미센은 현악기이지만 타악기적인 요소를 강하게 가지고 있는 악기라 하겠다.[19]

2.3. 해금과 유사 악기들

해금은 "금, 석, 사, 죽, 포, 토, 혁, 목의 8음 즉, 악기를 만드는 8가지 재료"를 다 써서 만든다. "울림통은 대나무, 현은 명주실을 꼬아 만든다. 활대의 말총으로 줄을 문질러 소리를 낸다."

---

18) 김기수·구윤국(1988), 『현금정악』, 은하출판사, 10쪽; 平野健次(1984: 132~133).
19) 이지선(2007).

해금   고큐

해금과 고큐(胡弓)는 한국과 일본을 대표하는 찰현악기(擦弦樂器)[20]
이다. "해금은 궁중의 의식음악, 줄풍류와 대풍류, 노래반주, 민간의
무속음악 등 여러 장르에 쓰이고 있고, 고큐는 산쿄쿠 합주 외에
독주악기로도 사용되고 있다."[21]

해금은 두 줄을 가진 악기로, 구조는 통, 복판, 입죽과 활대로 이
루어져 있다. "활대에 맨 말총을 명주실로 만든 두 줄에 끼워 줄을
마찰시키고, 이것이 여러 장치를 거쳐 공명통에 전달되어 소리가
난다. 해금을 연주할 때는 가부좌 자세로 앉아 악기를 왼쪽 무릎
위에 올려놓는데, 복판이 연주자의 오른편을 향하도록 한다. 왼손
바닥으로 입죽을 잡고 왼손으로 현을 감싸 쥐어 음을 짚는다. 해금

---

20) 줄을 문질러 음이 발생되는 악기(rubbed string instrument)를 모두 가리키는 말. 바이올
린, 비올라, 첼로, 콘트라베이스 등이 포함된다.
21) 이지선(2007).

은 지판이 없기 때문에 연주자가 왼손으로 줄을 움켜쥐듯이 잡고 당겼다 조였다 하면서 소리를 내고 줄을 흔들어 농현을 한다."[22]

일본의 유일한 찰현악기인 고큐는 샤미센을 그대로 작게 만든 형태를 띤다. 몸통은 앞뒤가 고양이가죽으로 되어 있다. 다만 악기의 끝부분에 긴 나무막대가 붙어 있는 점이 샤미센과 다르다. 고큐는 세 줄 또는 네 줄이어서, 줄 사이에 활을 끼우지 않고 줄 위를 문질러서 연주한다. 연주자는 무릎을 꿇고 긴 막대 부분을 다리 사이에 놓고 연주한다. 대부분의 찰현악기가 활을 움직여 소리를 내는 데 비하여 고큐는 활을 고정시키고 악기를 왼손으로 좌우로 돌리면서 연주하는 것이 특징이다.[23]

해금의 활은 느슨하기 때문에 연주를 하기 위해서는 손가락으로 활을 잡아당겨 팽팽하게 만들어야 한다. 엄지는 손가락의 등이 위로 보이게 하여 활대를 밖으로 밀어 잡으며 식지는 대의 밑으로 받쳐 잡는다. 장지와 무명지로는 말총 손잡이 가죽부분의 안쪽을 미는 듯이 하여 활대의 마미가 팽팽해지도록 한다.[24]

고큐의 활도 해금의 활과 같이 느슨하게 늘어뜨린 말총으로 만든다. 활을 잡는 요령은 젓가락을 잡는 방법과 유사하여, 활의 나무로 된 부분을 식지와 장지 사이에 끼우고 무명지로 말총부분을 잡아당겨 장력을 준다. 해금과 마찬가지로 연주 전에는 소리를 매끈하게 내기 위해서 활에 송진을 칠한다. 활의 길이는 고큐의 길이보다 길다.[25]

두 줄을 가진 해금은 외견상으로나 연주방법으로나 현악기에 속

---

23) 이지선(2007).
24) 김기수·강사준(1979), 『해금정악』, 은하출판사, 8~11쪽.
25) 이지선(2007).

하지만 거문고나 가야금과 같이 현악기의 선율을 연주하기보다는
오히려 관악기의 선율을 연주한다.[26] 고큐 역시 현악기이지만 관악
기의 선율을 연주한다. "고토나 샤미센은 발현악기이기 때문에 한
음을 뜯으면 그 다음 음까지 공백이 생긴다. 이러한 음과 음 사이를
메우는 역할을 하는 것이 관악기인 샤쿠하치인데, 이러한 샤쿠하치
와 같은 역할을 하는 것이 또한 고큐라 할 수 있다. 즉 고큐는 찰현
악기이므로 음이 끊어지지 않고 연주하여 합주에서 관악기와 같은
역할을 한다."[27]

2.4. 대금과 유사 악기들

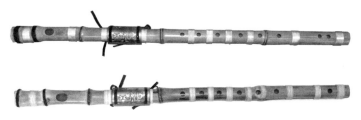

정악대금과 산조대금

대금은 대나무로 만들어졌으며 정악대금과 산조대금으로 나뉜
다. 요즈음엔 개량대금도 있으며 북한에서 먼저 시도되었다고 한
다. 대금을 포함한 목관악기를 일상에서는 그냥 '피리'라고 총칭할
때가 많지만, 대금은 세로로 세워 부는 피리와는 엄연히 계통이 다
른 악기이다. 옛 한문을 번역한 글에서 '피리를 분다'는 말이 나올

---

26) 이지선(2007).
27) 이지선(2007).

때도 원문을 확인해 보면 십중팔구 가로로 부는 관악기를 뜻하는 '적'으로 되어 있는 경우가 많다. 그러니까 비전문적인 글이나 말에서 '피리'라고 하면 사실은 대금 종류의 가로저[28]를 뜻할 가능성이 크다.[29]

대금은 한국을 대표하는 관악기이고 대금과 유사한 '샤쿠하치'는 일본을 대표하는 관악기이다. "가로로 부는 대금에 비해서 '샤쿠하치'는 세로로 불지만 재료는 모두 대나무를 사용한다."[30]

대금은 대나무 관대에 취구와 지공, 청공을 뚫어 옆으로 부는 관악기이다. 6개의 지공과 칠성공으로 이루어졌다. 청은 갈대 속의 얇은 막을 채취해 말린 것으로, 이것을 대

사쿠하치

금의 청공에 붙이면 취구에 입김을 불어넣을 때마다 입김의 강도에 따라 다양한 떨림이 생겨 대금 특유의 음색을 낸다. 대금의 치수는 일정하지 않지만 보통 정악용 대금이 80센티 내외, 산조대금이 65센티 내지 70센티 정도 이다. '샤쿠하치'도 대나무 관대에 취구와 지공을 뚫어 부는 악기이다. '샤쿠하치'라는 용어는 악기의 길이가 1척 8촌(약 54.5센티)이라는 데에서 유래한다. 대나무의 7개의 마디를 잘라 만든다. 대나무의 뿌리가 시작하는 부분까지 잘라 악기의 아랫부분이 울퉁불퉁하게 되어 있는데, 7개의 마디 중 4개는 대나

---

28) 가로 잡고 부는 관악기 즉 횡적의 우리말. 일명 적·젓대. 우리말 '저'는 횡으로 잡고 부는 적(笛)을 뜻하고, 대금을 의미하는 젓대(저의 대)라는 말에 쓰이고 있다. 대금의 연주법을 '저'를 부는 법이라고 한다.

29) 네이버 지식백과.

30) 이지선(2007).

무의 줄기이기 때문에 어느 정도의 길이를 갖지만 3개의 마디는 뿌리부분으로 아래쪽에 밀집되어 있다. 취구에는 물소 뿔이나 상아 등을 깎아 만든 장치를 끼우고 관의 내부에는 옻칠을 한다. 지공은 앞에 4개, 뒤에 1개가 있다.[31]

대금 소리는 선이 굵고 의젓하다고 한다. 또한 뜨거움이나 밝음, 해, 봄의 이미지가 아니라 차가움, 어두움, 달, 가을의 느낌을 담고 있다.[32] 대금의 연주기법은 주로 호흡과 입술·혀·손가락의 움직임을 통해 얻지만 극적인 표현을 위해 팔·목·머리 등의 움직임을 활용하기도 한다.[33] '샤쿠하치'의 취구는 바깥쪽으로 비스듬히 깎아 날카롭게 각이진 곳에 숨을 직접 불어넣어 음을 낸다. 기본적인 음은 지공을 열고 닫음으로써 내지만, 손가락 움직임과 숨을 취구에 대는 각도의 변화나 입술의 조절로 만들어 낸다. 특히 숨의 각도로 인한 음정의 변화는 고개를 끄덕이는 방향에 의해서 좌우된다. 고개를 내리면 음이 낮아진다. 그것을 '메리'라고 한다. 또한 고개를 올려 음을 높이는 것을 '가리'라고 한다. '메리'와 '가리'를 연속적으로 하는 것은 여러 악곡에서 자주 사용되는 중요한 기법이다. 또한 '샤쿠하치'의 기법 중에는 혀를 굴리거나 혀의 진동을 이용하는 '다마네'라는 기법도 있어 대금의 혀 치기와 비교된다.[34]

---

31) 이지선(2007).
32) 송혜진(2014: 174).
33) 송혜진(2014: 182).
34) 이지선(2007).

3. 태극(太極)과 동양 음양오행설 그리고 태극기

3.1. 태극과 동양 음양오행설

태극은 사전적 의미로 크고 지극함을 가리킨다. 태(太)는 크다는 뜻이고 극(極)은 매우 높고 요원함을 의미한다. 태극은 "만물의 근원 근본 등을 나타내는 것으로 천지 생성 이전의 궁극적 본원을 말하며 우주 만물이 생성 변화하는 원리라는 의미를 내포하고 있다. 유학, 특히 성리학에서 모든 존재와 가치의 근원이 되는 궁극적 실체를 의미"35)한다.

태극은 〈주역36)〉 계사의 '역37)에 태극이 있으니 이것이 음양을 낳는다.'라고 한 데서 유래했지만, 의미상으로는 선진유학의 천38) 개념과 연관성을 가진다. 송나라의 주돈이39)는 태극에 무극과 동정의 개념을 더해 '무극이면서 태극이다. 태극이 동하면 양이 되고, 정하면 음이 된다.'고 하였다. 또한 오행을 덧붙여 태극 → 음양 → 오행 → 만물의 우주론을 성립시켰다.

주자40)는 이 태극을 이(理)로 규정해 형체도 없고 작용도 없는 형이상학적 존재이면서 동시에 모든 존재자가 존재자이게 할 수 있는 근원 존재로 보았다.41) 이는 태극에서 만물이 나왔다는 논리에서

---

35) 네이버 지식백과.
36) 주역: 유교의 경전(經典) 중 3경(三經)의 하나인 『역경(易經)』.
37) 역: 역에 태극이 있고 여기서 음양→4상(四象)→8괘(八卦)로 전개된다고 보는 우주관.
38) 천(天): 중국사상에서 가장 중요한 우주 운행을 관장하는 원리.
39) 주돈이(周敦頤): 중국 북송시대의 유학자로 성리학의 기초를 닦았다.
40) 주자(朱子): 중국 남송의 유학자.
41) 네이버 지식백과.

볼 때, 만물 속에 태극이 그 원인자로 존재하게 되는 당연한 귀결이다. 그러므로 "태극은 만물의 총체적인 보편 원리인 동시에 특수한 개별자들의 특수 원리가 된다. 즉, 태극은 현상으로 드러나는 음양·오행·만물 속에 내재하는 보편의 원리이며, 또 개별적 존재자의 실(實)과 서로 상함(相涵)되어 있는 개별 존재의 원리이다. 따라서 현상으로 드러난 변화를 말할 때에는 태극에 동정이 있다고 할 수 있지만, 그 변화의 원인을 말할 때에는 태극은 본연의 묘(妙)이며 동정의 가능성을 품고 있는 것"[42]이 된다.

　우주 만물의 근원이 된다는 점에서 철학적으로 우리 일상 속에도 들어와 있다는 것을 알 수 있는데, 대표적인 우리나라 국기인 태극기에 태극이 의미적으로 들어가 있다.

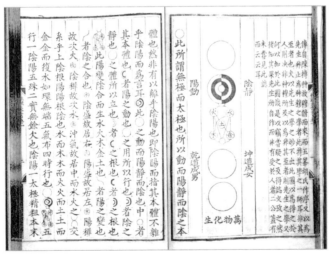

성리대전서/태극도설: 명나라 성조의 명을 받아 호광 등 42명의 학자가 송나라 때 성리학설을 집대성하여 편집한 성리대전 중 태극 도설 부분. 규장각 도서.

---

42) 네이버 지식백과.

동양 음양오행설에서 음양설과 오행설은 원래 독립된 개념이었으나 대략 기원전 4세기 초인 전국시대에 결합되기 시작했다. 그 후 여러 가지 현상들을 설명하는 틀로 존재했는데, 중국 전국 시대에 유행한 음양과 오행이 합쳐져 한대(漢代)[43]가 되면서 두 관점이 하나의 이론으로 통합되었다. 지금은 음양오행설로 같이 붙여져 사용되고 있다. 음양오행설은 우주 만물과 자연의 현상은 음양과 오행에 의해 변화한다고 보는 이론으로, 음양은 음지와 양지, 밤과 낮, 땅과 하늘, 여자와 남자, 차가움과 따뜻함 등 대립된 상태로 존재하지만 균형과 조화가 중요하다고 말하는 동양의 물질관이다.

　　동양 음양오행설은 동양의 삼국 즉, 한국·일본·중국 이 세 나라의 사상과 이론의 중심이 되어 현재까지도 생활의 여러 곳에 영향을 주고 있다. 특히 우리나라에는 조선 말기에 이르기까지 끊임없이 민중들을 지배하는 사상이었다. 홍경래의 난 등 여러 민란과 봉기의 사상적 원동력이 되어 오늘날까지도 적지 않은 영향을 미치고 있다.

　　음양설에서 음(陰)과 양(陽)은 각각 어둠과 밝음으로 관련돼 있다. 우주의 모든 사물과 모든 현상들이 서로 상반되는 성질의 두 가지 면이 공존 하고 있다고 보는 설이다. 음으로는 밤, 어둠, 물, 추위, 음지, 속, 낮음, 고요함 등 양으로는 낮, 밝음, 불, 더위, 양지, 겉, 높음, 움직임 등을 칭한다. 흔히들 여자는 음, 남자는 양이라고 하지만 구분되어 음과 양이 나타나는 것은 아니며 여자의 몸에도 양이 있고, 남자의 몸에도 음이 있다. 여기서 볼 수 있듯이 음과 양은 절대적으로 고정된 개념이 아니고 대비되고 상호적으로 나타나는 상

---

43) 한대(漢代): 중국 한나라 시대.

대적인 개념이다. 음양사상에는 상반과 융합의 논리가 합쳐져 있는 것으로 보이는데, 상반은 +와 -의 대립으로 그치는 것이 아니고 항상 상호 의존의 관계를 유지하면서 발전해 가는 것을 의미한다.

오행설

오행설의 기원은 서기전 4세기 초이다. 오행은 쉽게 말해 수, 화, 목, 금 토의 오원소를 말한다. 오행설에 관한 근거가 되는 출처는 『서경』44)의 〈홍범45)〉에서 찾아볼 수 있는데, 이와 같이 나와 있다.

오행에 관하여 그 첫째는 수(水)이고, 둘째는 화(火), 셋째는 목(木), 넷째는 금(金), 다섯째는 토(土)이다. 수의 성질은 물체를 젖게 하고 아래로 스며들며, 화는 위로 타올라 가는 것이며, 목은 휘어지기도 하고 곧게 나가기도 하며, 금은 주형(鑄型)에 따르는 성질이 있고, 토는 씨앗을 뿌려 추수를 할 수 있게 하는 성질이 있다. 젖게 하고 방울져 떨어지는 것은 짠맛(鹹味)을 내며, 타거나 뜨거워지는 것은 쓴맛(苦味)을 낸다. 곡면(曲面)이나 곧은 막대기를 만들 수 있는 것은 신맛(酸味)을 내고, 주형에 따르며 이윽고 단단해지는 것은 매운맛(辛味)을 내고, 키우고 거두어드릴 수 있는 것은 단맛(甘味)을 낸다."

우주 만물은 불, 흙, 금속, 물, 식물을 기본으로 이루어지며, 모든

---

44) 서경: 〈책명〉 유학(儒學) 오경(五經)의 하나. 공자가 요임금과 순임금 때부터 주나라에 이르기까지의 정사(政事)에 관한 문서를 수집하여 편찬한 책.
45) 홍범: 『서경』의 홍범에 기록되어 있는, 우(禹)가 정한 정치 도덕의 아홉 원칙. 오행, 오사, 팔정(八政), 오기, 황극, 삼덕, 계의, 서징(庶徵) 및 오복과 육극.

사물은 오행으로 분류되며, 각 요소 간에 상생 작용과 원소끼리 서로 억제, 견제하는 상극작용[46]이 있다. 이것이 오행설이다. 이 다섯 쌍은 인체의 오행인 생리 기능 계통에 해당한다. 동양의학에서는 '오장육부'는 몸 안의 내장을 통틀어 칭하는 말인데, 오장은 간, 심, 비, 폐, 신이고 육부는 담, 소장, 위, 대장, 방광, 삼초이다. 또한, 장부라고도 하는데 여기서 장이란 인체의 정미 불질인 정을 간직하는 생리 기능 계통 구실을 하는 속이 찬 기관이다. 부는 음식을 몸으로 보내 소화를 시키고 청탁을 분리하여 찌꺼기를 배설하는 등의 일을 하는 속이 빈 기관이다.

3.2. 태극기 속 태극과 동양 음양오행설

음양설은 음과 양의 개념에다 모든 사물을 귀속시켜 하나의 사물을 양면으로 관찰해 상대적인 특징을 지니고 있는 것을 표현하는 이원론적 사고방식으로 그 근본에는 일원론적인 태극이 존재한다. 태극은 "중국의 고대 사상 중 음양 사상과 결합해 만물을 생성시키

---

46) 상극작용: 두 사물이 서로 맞서거나 해를 끼쳐 어울리지 아니한 현상.

는 우주의 근원인 개념으로 주역에 나오는 이야기를 전부 압축하여 그림으로 표현한 것"이다.

이 태극과 음양오행설이 우리나라 국기인 태극기 속에 존재하는데, "태극기는 〈주역〉계사상전에 나와 있는 '태극 → 양의(兩儀) → 사상(四象) → 팔괘(八卦)'라는 우주 생성론을 나타내는 태극도"[47]라고 할 수 있다. 태극기의 원이 나타내는 태극은 만물을 생성시키는 근원을 의미하며 도교에서는 태소라고 하고 사고의 개입이 없는 순수하고 완전한 행위를 의미하는 무아전위의 우주일체가 역동적으로 움직이는 것을 상징한다. 또한 음(파랑)과 양(빨강)의 조화를 상징하며 우주 만물이 음양의 상호작용으로부터 창조되듯이 우리 민족의 창조성과 대자연의 진리를 표현하였다.

태극기는 음과 양 둘로 분리되는데, 음은 땅, 여자, 암흑, 아래, 달, 유약, 육체, 물 등을 나타내고, 양은 하늘, 남자, 광명, 위, 해, 강인, 정신, 불 등을 나타낸다. 오행은 생각보다 우리 생활에 많이 적용되어 오고 있다. 무극 단계에서 음과 양이 생겨나고 움직이게 되어 태극 단계가 나타나 오행 원소에 작용하게 되고 만물이 만들어질 때 남녀가 기본이 된다는 내용이다. 사괘가 여기서 유래되었다. 사괘인 건곤감이는 여러 가지로 해석할 수가 있는데, 건괘는 하늘을 상징, 계절로는 여름, 방위로는 남향, 사덕으로는 예, 가정에서는 부, 오행에서는 화를 나타내고, 생명력을 의미한다. 곤괘는 땅을 상징, 계절로는 겨울, 방위로는 북향, 사덕으로는 지, 가정에서는 모, 오행에서는 수를 나타내고, 시작을 의미한다. 감괘는 물을 상징한다. 계절로는 가을, 방위로는 서향, 사덕으로는 의, 가정에서는

---

47) 네이버 지식백과.

여, 오행에서는 금을 나타내고, 결실을 의미한다. 마지막 이괘는 불을 상징, 계절로는 봄, 방위로는 동향, 사덕으로는 인, 가정에서는 자, 오행에서는 목을 나타내고, 성장을 의미한다. 태극기는 주역의 음양오행설을 도안으로 채택된 것을 알 수 있다.

이렇듯 태극기의 태극, 사괘 대부분을 차지하는 곳에서 태극기가 태극과 음양오행설의 영향을 받았다는 사실을 알 수 있다. 태극이나 음양오행설의 사상적인 부분에 우리나라가 기여한 부분, 태극이라는 사상이 발전할 수 있게 옛 우리나라 선조들이 연구하고 기여한 부분은 수도 없이 많으나 태극기는 일방적으로 태극과 동양 음양오행설의 사상적인 부분들에 영향을 받아 만들어진 국기로써 태극과 음양오행설의 영향을 많이 받았다고 할 수 있다.

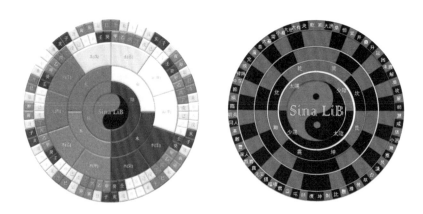

태극을 시간적으로 구분한 것이 60갑자이고, 공간적으로 구분한 것이 주역의 64괘이다. 주역 8괘의 그림에서 우리나라 태극기를 고안했다고 하는데 보시다시피 태극 모양이 비슷하다.

64괘 중 8괘의 건곤감리만 뽑아서 그린 것인데, 보면 태극 모양이

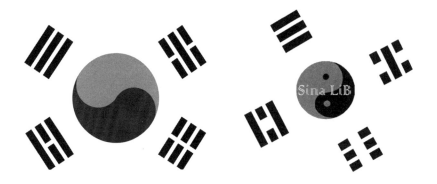

좀 다르다. 우리나라 최초의 태극기는 구한말 유명한 사상가이자 관료였던 박영효가 제물포 조약을 맺으러 갈 때 배 안에서 급하게 만들어 대표단의 숙소에 걸었다는 이야기, 조미수호통상조약을 맺을 때 이응준이라는 역관이 만들었다는 이야기가 있다. 박영효가 만들었던 태극기가 주역 8괘의 그림과 가장 유사하다. 무엇이 더 먼저 국기로 만들어졌는지는 정확히 알 수는 없으나 대게 박영효가 처음 만들었다고 알려져 있다. 하지만 여기서 우리는 누가 태극기를 먼저 만들었든 우리나라 국기인 태극기는 태극의 영향을 받아 만들어졌다는 사실을 알 수가 있다.

3.3. 태극과 동양 음양오행설의 기원

동양의 고전 사상 중 가장 유명한 것 중에 하나인 태극의 기원에 대해 알아보자. 중국 문명권에서 탄생한 것으로 알려진 태극은 송나라시대 학자인 주돈이에 의해 태극도설[48]이 쓰여 졌다. 중국 송

---

48) 태극도설: 중국 북송의 유학자 주돈이의 저서. 우주의 생성, 인륜의 근원을 논한 249글자의 짧은 글.

나라의 학자들이 쓴 책이 남아 있고 이론이 정리되어 있어 태극의 기원이 중국이라고 알려져 있다. 하지만 출토 유물을 보면 세계에서 가장 오래된 태극 문양은 우리나라의 유물 중에 있다. 바로 우리나라 백제 고분인데, 주돈이가 쓴 책보다 400년이나 앞선 고분의 기록에서 태극이 발견되었다. 발견된 고분에는 태극 문양이 있었는데, 태극 문양만 있었고 철학이 있었는지 없었는지는 알 수 없다.

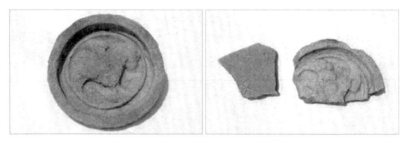

낭산산성 수구지 입구부 주변 출토유물 파문수막새, 「十」銘 명문와

왕궁 출토 파문계기와

공산성　　　　　　　　　　　　　　부소산성

다른 나라에서도 중국 송나라의 책과 사상보다 훨씬 앞 선 문양과 사상이 발견되어 '중국이 기원이다'라고 말하기는 어렵다고 한다. 하지만 그 당시 동양의 중심이었던 중국의 학자가 태극 사상에 대해 정리하고 그 책이 남아 있기 때문에 많은 영향을 주었다는 점은 부정할 수 없을 것이다.

음양오행설의 기원은 고대 중국의 세계관의 하나로 음양설과 오행설은 발생을 달리하는 다른 사상이었으나, 전국시대 말기 이후로 서로 융합되어 음양오행설이 됐고 특히 한나라 때 사상계에 큰 영향을 끼쳤다. 음양에 관한 최초의 기록은 기원전 4세기부터 3세기에 편집된 듯한 『국어』에 나타나 있다. 주나라 태사인 백양보[49]의 "지진에 대한 설명으로 양기가 숨어서 나오지 못하면, 음기가 눌려서 증발할 수 없으므로 지진이 발생한다는 것"[50]이다. 『역경』 계사에 "일음일양 그것이 도이다(一陰一陽之謂道)."라고 하여 "우주에는 두 가지의 힘 또는 작용이 있어 때로는 한쪽이, 어느 때는 다른 쪽이 물결과 같이 계기적으로 우세하게 된다는 의미"[51]를 나타내고 있다. 이런 상반 응합(應合)의 사상은 음양사상에 이르러 비로소 형성된 것이 아니라 이전부터 강유[52]의 이론으로 존재하고 있었다. 강유의 이론을 소급해 올라가면 『역경[53]』의 십익으로부터 『도덕경』을 거쳐 『서경』의 홍범에 이르게 된다. 오행설의 기원은 서기전 4세기 초라고 알려져 있는데, 이는 오행설의 최초 언급이라고 하는 옥검[54]의 손잡

---

49) 백양보: 백양보(百陽甫)로도 쓴다. 서주(西周) 때 사람. 유왕(幽王) 때 대부(大夫)를 지냈다.
50) 네이버 지식백과.
51) 같은 글.
52) 강유: 중국 삼국시대 위의 지략이 뛰어난 사람으로 촉의 신하가 되어 제갈량의 후계자가 되었던 무장.
53) 역경: 본래의 명칭은 역(易) 또는 주역(周易)이었는데 점서(占書)였던 것이 유교의 경전이 되면서 역경이 되었다.

이 새김글에 "오행의 기가 가라앉으면 응축을 발생시킨다."라는 구절
의 연대와 같은 시기이다. "음양오행설이 우리나라에 전래된 것은
삼국시대부터이다. 이 시기에 음양오행설이 전래된 흔적은 고구려나
백제의 고분벽화에서 나타나는 사신도, 즉 현무·주작·청룡·백호의
그림에서 찾아볼 수 있으며, 신라 황룡사 9층탑의 심초석[55] 아래의
적심석 사이에서 청동거울에 사신이 양각되어 있는 것이 발견된 사실
도 이를 뒷받침한다. 그 밖에 『삼국사기』 '고구려본기'의 오성에 관한
기사나 고구려의 오부제 등을 통해서도 전래된 사실을 확인할 수
있다. 참위설(중국 한대 경전에 의거해 예언한 학설)과 풍수지리설의 한국
적 수용과 전개과정도 음양오행설과 밀접하게 연결"되어 있다.[56]

4. 도자기 문화

도자기는 흙을 빚어 높은 온도의 불에서 구워낸 그릇이나 장식물
을 말한다. 크게는 1,300℃ 이하의 온도에서 구운 도기와 1,300~
1,500℃에서 구운 자기로 나눌 수 있으며, 도기와 자기 및 사기그릇,
질그릇을 통틀어 도자기라고 한다. 소지의 상태나 소성 온도에 따
라 토기, 도기, 석기, 자기로 나뉜다. 도자기 중 가장 일찍 출현한
것이 토기다. 지금까지의 토기 유물 중에서는 서아시아 자모르 유
적에서 출토된 기원전 5천 년경의 각문토기가 가장 오래된 토기로

---

54) 옥검: 병서(兵書). 대개 주옥으로 함의 장식을 만들었고 당 중종(唐中宗)의 신룡조(神龍詔)에
   '옥검을 펼치어 큰 적을 무찌른다.' 했음.
55) 목탑의 심주를 받치는 기둥받침돌로 일반적으로 사리가 봉안되는 장소이기도 하다(네이버
   지식백과).
56) 네이버 지식백과.

알려졌다. 토기는 각지에서 다발적으로 발생한데다 쉽게 깨지기 때문에 즐문(빗살무늬)토기 같은 특수 토기를 제외하고는 일반적으로 교류문화와 관련이 없다.

이에 비해 도기나 자기는 고대에도 일부 지역에서 약간씩 만들어지기는 했지만, 주로 중세에 와서 다량으로 제작되면서 주요한 교역품의 하나로 각광을 받았다. 세계에서 최초로 다양한 도기를 만든 곳은 이집트다. 기원전 3천 년경 초에 아름다운 청색 알칼리 도기가 만들어졌는데, 기본 소재는 규석가루였다. 비슷한 시기에 메소포타미아에서도 동류의 도기가 선을 보였다. 이집트의 중왕국 시대(B.C.2160~B.C.1580)에는 전래의 청색 도기 외에 망간을 소재로 한 흑자색 도기가 출현했으며, 신왕국 시대의 18~19조 때에는 도자기 제작기술이 진일보해 채색타일이나 상감타일(람세스 2세의 칸디르 궁전 출토) 같은 여러 이색도기가 만들어졌다.

4.1. 한국의 도자기 문화

4.1.1. 신석기

신석기 시대는 기원전 6000년~기원전 1000년 사이의 시기로, 대표하는 토기는 빗살무늬토기이다. 울진지역에서 신석기 시대의 토기가 확인된 유적은 죽변면 죽변리 유적으로 지표 조사에 의해 확인되었다.

빗살무늬토기

4.1.2. 청동기

청동기시대를 대표하는 토기는 민무
늬토기이다. 민무늬토기는 굵은 모래나
석립 가루를 섞은 진흙으로 빚어 한데 가
마에서 구운 납작 바닥 토기로 대개 황갈
색 또는 적갈색을 띠며, 그릇의 표면에는
아무 무늬가 없는 특징을 갖는다. 이러한
민무늬토기는 중국으로부터 새로운 토
기들이 전해지는 초기 철기시대와 원삼

민무늬토기 항아리.
원삼국시대 기원후 1~3세기

국시대 초기까지도 새로 전해진 토기들과 함께 사용된다.

4.1.3. 고구려

고구려 토기 중 항아리, 시루, 접시, 사발
등은 오늘날 우리가 사용하는 전통옹기와
유사한 모양이며 제작기법도 요즘 옹기 제
작기법과 유사하다. 따라서 고구려 토기가
전통 옹기의 원형임을 짐작할 수 있다. 백
제, 신라, 가야토기에 비해 소성 온도가 낮
아 경도가 높지 않은 것이 특징으로 표현이

황갈색, 회색, 회흑색을 띤다. 띠고리 모양의 손잡이가 달린 것이
많고 대부분 바닥이 평평하다.

4.1.4. 백제

장식성이 강하지 않고 단순하며 색조, 유려한 선 등을 통해 볼 때 백제인들이 보다 절제되고 간결함을 추구했고 실용성을 강조하였다.

백제 시대 토기들의 생김새나 기능은 굉장히 다양했다. 흑색으로 반들반들하게 연마해서 어깨에 기하학적인 문양을 심은 검은간토기, 입이 곧게 뻗은 직보,

검은간토기

꼭지가 없는 뚜껑, 굽이 달린 접시인 고배등 등등, 특히 세발 달린 토기는 다른 지역에서는 나오지 않고 오직 백제에서만 나왔다.

4.1.5. 신라

신라의 토기는 주로 무덤의 껴묻거리용으로 만들어진다. 직선적이고 얇아진 그릇 두께, 엇갈리게 뚫린 굽구멍이 신라 토기의 특징이다. 신라토기의 문양은 밀접파상문과 점열문에서 집선문과 원권

도장무늬가 있는 토기

문, 삼각거치문, 어골문등의 기하학적인 문양으로 변화되다가 점차 반원문이 유행하면서 시문 범위도 좁아지다가 이후 통일신라시대를 대표하는 도장무늬가 유행하게 된다.

4.1.6. 고려

고려시대는 도자기 문화가 한층 더 발전하게 되면서 고려청자가 만들어졌다. 고려에 융성한 불교는 뛰어난 문화예술을 낳은 모체가 되었으며, 삼국과 통일신라시대에 제작된 토기에서 벗어나 자기를 만드는 시대로 접어든다. 고려청자는 실용품이라기보다 대게 사치품으로 귀족적인 성격을 지니고 있다.

고려청자

4.1.7. 조선

조선의 백자는 조선시대 사대부들의 사상이 배어 있는 청초하고 간결하면서도 기품 있는 당시 독특한 품격을 나타내고 있다. "여러 가지 상징적 의미를 갖는 문양인 용, 모란, 당초, 소나무, 매화, 학 등을 여백을 살리며 간결하게"[57] 표현한 양식은 마치 자연과 마주한듯한 아름다움을 느낄 수 있다. 이것이 조선백자의 특징이다. 검소하고 결백함을 가치관으로 여겨온 우리 백의민족의 상징이기도 하다.

---

57) 네이버 지식백과.

코발트 안료를 사용하는 무늬를 그려놓은 조선시대 청화백자

4.1.8. 조선시대 이후

"일제강점기하에서 한국의 도자기는 퇴보하였고, 기형은 지극히 평범하여 자연히 기교가 없어졌으며, 시유방법까지 간편한 방법으로 처리하여 그야말로 막사발의 분위기가 역력한 그릇"[58]이 되었다. 하지만 평범하기만 한 막사발들은 조선시대와 현대의 도자기를 이어 주는 가교 역할을 하였다. "8.15광복과 6.25전쟁을 겪는 동안 크게 발달하지 못한 한국의 도자기 공업은 60년대를 시발점으로 급속히 진전되어 현대적 공장이 속속 건설되고, 국내 수요는 물론 수출산업으로 발전하게 되었다."[59] 현재에는 전통적인 도자기 기법이 다시 복원되어 현대화된 도자기로 재탄생 되었으며 국책 사업으로 지정 육성되고 있다.

---

58) 같은 글.
59) 같은 글.

4.2. 중국의 도자기 문화

한·중·일 삼국 중에서 중국은 도자기 문화가 가장 발달했다. 사실, "중국은 동양에서 가장 오래 전부터 도자기가 발달한 나라로서 한국·베트남·타이·일본 등 여러 나라에 영향"[60]을 주었다. 당나라의 당삼채, 청자와 백자 원대의 고도의 백자공예와 채자, 명대의 오채, 금채, 청대의 분태 기법의 발달 등을 들 수 있다.

중국 도자기의 특징을 살펴보면 다음과 같다.

① "중국도자기의 기원은 은(殷)·주(周)시대"라고 한다. ② "한(漢)시대에는 녹색 다색의 저화도 외에 고화도의 일종인 청자"를 만들었다. ③ 남북조시대에는 천목을 만들었다. ④ 당시대에 이르러 중국은 막대한 영토를 차지하고, 화려한 귀족문화가 구축됨과 동시에 도자기도 더욱 발달하여 중국각지에 많은 가마가 생겨났다. "당나라 때의 도자기로서 쌍벽을 이룬 것은 웨저우의 청자와 상저우지방의 백자"라고 한다. "당나라의 도자기로서 세계적으로 유명한 당삼채는 주로 무덤의 껴묻거리[61]로 만들어진 것"이며, 당나라의 귀족문화를 잘 보여준다. ⑤ "송대는 중국 도자기의 최고 기술을 나타낸 시대로서, 일상용 도자기가 활발히 만들어지는 한편, 청자·백자도 많이 만들어졌다." ⑥ "원대에는 이제까지 형태의 아름다움을 주로 하던 도자기에 채식을 하기 시작하여 무늬를 넣어 굽는 기술이 크게 발달"하였다. ⑦ 명대에는 징더전(중국 장시성 북동부에 있는 도시)에 정부의 가마가 구축되어 채식기법이 더욱 발달되어 무늬를 넣어

---

60) 같은 글.
61) 부장품. 장사 지낼 때, 시체와 함께 묻는 물건을 통틀어 이르는 말.

구운 도자기 및 오채 외에 금채도 시작되었고, 말기에는 오수적회라고 하는 수출용 자기를 만들게 되었다. ⑧ "청대에 이르러서는 무늬 넣기·오채 등이 계속되었을 뿐 아니라 채분을 사용하는 기법이 발명되어 정교한 자기가 활기차게 만들어졌으나, 19세기 말 청조의 혼란과 함께 도자기의 제조도 몰락"하여 현재에는 새로운 조직과 함께 근대적 공장에서 생산되고 있다.62)

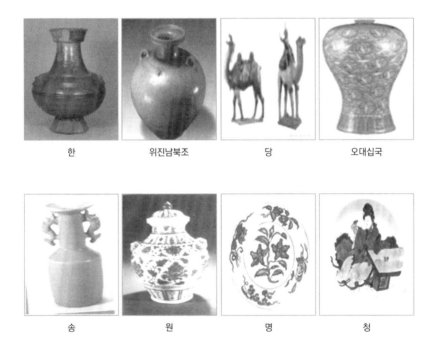

| 한 | 위진남북조 | 당 | 오대십국 |

| 송 | 원 | 명 | 청 |

---

62) 도자기의 발달과정, 네이버 지식백과.

4.3. 한국과 중국 도자기의 상관관계

4.3.1. 선사에서 통일신라시대까지의 교류사

일반적인 영향관계를 살펴볼 때 신석기시대 말기부터 중국 도자기가 한국에 직접적인 영향을 끼쳤다. 그렇지만 중국과 한국의 도자기에 관한 본격적인 교류는 청동기시대 후기, 즉 기원전 3~4세기부터이다. 한대의 토기기술의 영향에 힘입은 결과, "무문토기 제작방식에서 벗어나 물레성형을 하여 밀폐된 실요(室窯)에서 높은 온도의 환원염으로 구운 회청색 경질 토기가 발생"[63]하게 된다. 이를 '제1차 토기혁명'이라 부른다.

이후 삼국시대에 들어 4~5세기 무렵에는 중국 남부의 월주요에서 생산된 청자를 고월자라 부른다. 흑유자기들이 한반도에 유입되어 고분에서 출토되었다. 또 이의 영향으로 와질토기나 흑도에 중국식의 문양이 나타난다. 즉 "어깨 부위에 사격자문의 문양대를 장식하는 것이 유행하는데 이런 장식문양은 고월자의 '트레이드 마크' 같은 것으로 중국은 인화로, 한국은 음각으로 처리한 것"[64]을 차이점으로 볼 수 있다. 또한 백제지역에서는 고월자의 기형을 닮은 호자나 벼루가 토기로 번안되어 나타난다. 그리고 "삼국시대 말기인 6~7세기에는 백제나 신라 지역에 중국의 연유도 기술이 도입되어 갈색이나 녹색의 연유를 씌운 시유도기들이 조금씩 나타나며 이 기술은 곧 일본에 전해졌다."[65]

---

63) 한국과 일본의 도자기 교류사: 선사에서 고대까지의 교류사 편.
   https://blog.naver.com/csj6602/220500901144
64) 같은 글.

통일신라시대가 되면 당과의 교류가 적극적으로 이루어진다. 따라서 "중국의 문화가 다방면으로 유입되어 통일신라 문화 전반에 많은 영향을 미쳤는데, 이 시기의 대표적인 토기인 인화문토기[66])에도 기형이나 문양장식에 중국의 당삼채의 영향이 뚜렷이 반영되어 있음"을 알 수 있다. 또 다른 한편으로 "당삼채의 영향으로 보이는 연유도가 성행하여 다가올 자기 발생의 기술적인 토대를 마련"하였다.[67]

4.3.2. 자기의 탄생에서 고려 말까지의 교류사

통일신라시대 말기에는 안압지 등의 유적지에서 중국제 자기들이 다량 출토되어 당시 통일신라의 중국 도자기와의 교류를 짐작할 수 있게 한다. 또 9~10세기에 한반도에서도 고품질의 청자와 백자 등의 자기를 만드는 데에 성공했다. "우리나라 자기의 탄생에 결정적인 영향을 미친 것은 중국 남부의 월주요인데, 월주요는 당 후기의 청자 가마로 유명하며 이곳에서 생산된 청자들이 중국 각지는 물론이고 한국, 일본, 동남아시아, 중동, 이집트까지 출토될 만큼 그 영향력이 대단"하였다. 그런데 자세히 이 "초창기의 국내 가마터를 조사해 보면 중국식의 벽돌 가마가 먼저 만들어지고 한국식의 진흙 가마는 이후에 나오는데, 이를 보아 최초의 자기 번조에는 중국 장인들이 직접 와서 가마를 짓고 청자나 백자를 생산하였을 가능성도 있는 것"으로 추정되지만 아직 확실하지 않다.[68]

---

65) 같은 글.
66) 겉면에 무늬가 새겨진 도장을 눌러 찍어 무늬를 낸 토기. 도장무늬 토기.
67) 같은 글.

제일먼저, "자기의 번조(燔造)69)에 성공한 우리나라는 고려시대에 들어 비약적인 발전을 거듭하는데 고려 전반의 11세기까지 중국 각지의 이름난 가마들의 영향을 받아 들였다. 월주요의 영향은 계속되어 오대와 북송초기의 청자류에 성행한 음각 문양들이 고려청자에 나타나"70)며, 기형이나 장식기법, 문양소재 등을 받아 들였다. 이런 과정을 거쳐 "고려청자는 마침내 12세기에 들어 비색청자를 완성하여 천하제일의 명성"을 얻게 되었다.

13세기 후반에 고려는 원의 부마국이 되어 원 문화의 영향을 받는다. 그러나 처음에는 원 도자기의 영향은 별로 보이지 않는다. 오히려 징더전(중국 최대의 도요가 있는 곳) 등의 청화백자에 성행하는 문양장식 중에 고려청자에서 유행하였던 장식요소가 보여 눈길을 끈다. 특히 "매병 등의 어깨를 장식한 커다란 여의두문대나 동체 중간에 화창을 설정하고 그 속에 문양을 베푸는 수법 등은 고려청자에 매우 유행한 장식법이고 중국에서는 이전까지 자주요에 간간이 사용된 외에는 보이지 않던 것이어서 고려청자가 이때에 와서 원대 도자기에 거꾸로 영향을 준 것"71)이 아닌가 생각되기도 한다. 그러나 "14세기의 고려 후기 내지 말기청자에는 역시 원대 도자기의 문양패턴이나 문양소재, 기형 등의 영향이 뚜렷이 나타나며 이 요소들은 조선 초기의 분청사기나 백자에 이어진다."72)

68) 한국과 중국의 도자기 교류 역사의 현황: blog.daum.net
69) 질그릇이나 사기그릇, 도자기 등을 불에 구워서 만드는 일.
70) 교류사.
71) 같은 글.
72) 한국과 중국의 도자기 교류 역사의 현황.

4.3.3. 조선시대의 교류사

조선시대에 들면 "조선백자의 성립에 원말 명초의 백자 기술이나 조형감이 영향을 미쳤다. 먼저 징더전에서 원대에 완성을 한 '추부백자'의 영향으로" 조선에서도 순백색의 경질백자를 만들게 되었다. 특히 "주목되는 것은 청화백자의 발생이다. 14세기 중엽 경에 징더전에서 청화백자의 번조에 성공하자 이 새로운 아름다움에 세계가 경탄하며 우리나라에도 전해져 보는 사람의 마음을 사로잡았다. 그리고 당연히 국내에서 청화백자를 만들기 위해 노력하여 늦어도 15세기 중엽 경에는 번조에 성공한 것"[73]으로 보인다. "경기도 광주의 도마리 가마터에서 청화백자의 발생 시기에 모델로 삼았던 것으로 추정되는 중국제의 청화백자편들이 출토"되고 있어 당시의 상황을 알 수가 있다. 그래서 "초기의 청화백자는 기형이나 문양이 원말명초 청화백자와 상당히 유사"하여 한 눈에 중국풍임을 알수 있을 정도이다. 그러나 곧 조선의 국풍으로 바뀌면서 "기형이나 문양이 조선적인 분위기로 변하게 되는 것"[74]도 알 수 있다.

이후 "18세기 후반부터 청의 자기문화가 조선에 유입되어 기형과 문양장식 등에 그 영향이 보이지만" 이전 시기에 비해 그리 큰 영향을 받지 못했다. "특히 기술적으로 당시 세계도자사의 주된 흐름이었던 상회자기의 제작을 외면하고 순백자와 청화백자의 생산에 주력하였기 때문에 그다지 큰 변화는 이루지 못했다."[75]

---

73) 교류사
74) 같은 글.
75) 한국과 중국의 도자기 교류 역사의 현황.

4.4. 일본의 도자기 문화

한국과 중국의 도자기와 다른 일본 도자기의 특징은 다음과 같다.
① 일본에서는 선사시대에 조몬식 토기 등이 만들어졌으며, 5~6세기경 물레에 의한 성형이 시작되었다. 이것을 '스에기'라고 하며 낮은 비탈에 가늘고 긴 구멍을 뚫어 가마로 사용 하였다. ② 유약을 입힌 최초의 도자기는 당삼채를 본 떠 만든 저온소성의 도기로 나라 삼채라 부른다. ③ 헤이안 시대부터 가마쿠라 시대에 걸쳐서 중국의 도자기 기술이 전파되어 세도 지방에서 중국풍의 도기가 만들어지기 시작하였다. ④ "일본의 도자기가 급격하게 발달된 것은 임진왜란 때 도요토미 히데요시의 부장들이 한국의 도공들을 인질로 데리고 귀국하여 가마를 축조하고, 도자기를 제작하게 한 데서 비롯"[76]되었다. 그래서 임진왜란을 '도자기 전쟁'이라고도 한다. 히데요시의 무모한 조선 침략은 군사 면에서는 패배로 끝났지만, 문화 면에서는 많은 것을 얻었다. 전쟁 중 조선으로부터 수십만으로 추정되는 강제 연행자와 약탈해 간 활자·그림·서적 등을 비롯한 물적 자원은 이후 근세 일본 문화의 발전에 커다란 역할을 하였다. 더욱이 조선에서 데려간 도공에 의해 일본의 도자기 문화가 크게 발달하는 계기를 마련했으며, 조선 유학자의 영향에 의해 도쿠가와 바쿠후의 관학이 성립되고, 한학문이 발달하게 된다. ⑤ 현재에도 그 후예들에 의하여 규슈 지방을 중심으로 일본 각지에서 도자기가 대량으로 생산되고 있다.
일본에서 조선 도공들을 데려간 이유를 살펴보면 다음과 같다.

---

76) 생활과 도예이야기 http://baba0217.blog.me/220720712628

임진왜란이 일어나던 1592년 즈음의 일본에는 도자기가 없었다. 음식을 대나무 그릇이나 나뭇잎 등에 담아 먹었다. 그렇게 불편한 상황을 지내다 보니 도자기에 음식을 담아 먹는 것은 아마도 큰 영광이었을 것으로 보인다. 그래서 일본은 우리나라 궁궐에서만 볼 수 있는 청자나 백자는 물론이고, 일반 백성들이 흔히 사용하던 도자기들까지 보이는 대로 다 빼앗아 갔다. 이 중 어떤 것들은 일본의 국보로까지 지정되었다. 일본은 우리나라 도자기의 가치를 일찌감치 알고 있었던 것이라 볼 수 있다. 도공들은 대부분 규슈 지방으로 끌려갔다. 일본도자기 문화에 영향을 끼친 조선 도공들의 후손들로는 심수관, 박평의, 이삼평 등이 있고, 그와 더불어 기억할 만한 도기들이 아리타도자기, 사쓰마도기이다.

심수관
일본의 한국계 도예가.
일본에 끌려와 사쓰마도기를 만든 심당길의 14대손이다.
가문을 이어 일본 도예계를 주도했으며, 한국 명예 총영사를 지내기도 했다.

박평의
조선인으로 일본 사쓰마도기의 창시자.
정유재란 때 붙들려가 사쓰마 지역에서 도기를 생산해내기 시작했다. 사쓰마도기는 이삼평의 아리타도기와 함께 일본의 대표적인 도기의 하나이다.

이삼평

일본의 대표적인 도자기 아리타도기의 도조
로 추앙받는 한국 출신 도공. 임진왜란 때 끌려
간 도공의 한 사람이다. 그의 도자기는 일본 전
국으로 퍼져 이마리도기라는 별칭과 함께 명
성을 떨쳤으며, 그에 의한 아리타도기의 장시
는 일본 도자기 사상 획기적인 사건으로 기록되었다. 아리타 시민
들은 그가 가마를 연 300주년인 1916년 비를 세우고, 1917년부터
거시적인 도조제를 열고 있다.

4.4.1. 아리타 도자기

‘이마리 도기’라고도 한다. 그 이유
는 제조된 도기를 아리타에서 12km
정도 떨어진 이마리 항구로부터 일본
각지로 출하하였기 때문이다. 아리타
도기는 정유재란 때 일본으로 끌려간
한국인 도공 이삼평이 1616년 사가의
아리타에 살면서 가마를 열고 한국인
도예공들과 도자기를 구움으로써 시작되었다. 청자·백자·청화백자
등이 있는데 초기에는 중국 도자기의 영향을 강하게 받았고, 17세기
중반부터 명나라 말기의 적회식 자기 제조방법을 배워 직물무늬에
서 따온 회화적인 무늬가 나타났다. 곧 아리타도자기는 전 일본에
퍼졌고 해외에서도 호평을 받았다. 17세기 후반, 즉 1659년에는 네덜
란드의 동인도회사를 통해 세계 여러 나라에 수출되었다. 아리타

자기를 주목한 것은 300년이라는 긴 역사 때문만은 아니다. 17세기 초 강제로 끌려온 수많은 조선인 도공들이 발전시켰던 자기이기 때문이다. 당시 이들은 자발적이 아닌 강제로 끌려온 것이다. 그렇기에 이들의 도자기 만들기 역사는 가슴 아픈 역사일 수밖에 없다. 그래서 더욱 아리타 자기가 귀하게 느껴지는 이유이기도 하다. 아리타의 도자문화를 발전시킨 인물 가운데 도공 이삼평이 있다. 그는 아리타의 이즈미산에서 자기의 원료 흙인 백자광을 발견해 일본 최초의 자기를 구웠다고 전해진다. 이후 수많은 훌륭한 도자기를 만들어 냈고, 이런 공적을 인정받아 그가 살던 긴코우도 지명에서 이름을 따 '가나가에 삼페에'라는 일본 이름을 받았다.

4.4.2. 사쓰마도기

임진왜란 당시 일본으로 잡혀간 조선인 도공이 사쓰마(지금의 가고시마)에서 구워낸 도자기이다. 임진왜란 당시 사쓰마 번주 시마즈 요시히로가 박평의 등 42명의 조선인 도공을 붙잡아 구시키노, 이치기, 가고시마 지역에 머물게 하면서 생산한 도자기이다. 사쓰마에서의 도자기 제조활동은 중세시기까지 전혀 없었다. 이곳에 도자기 제조를 위한 가마를 연 것은 임진왜란 당시 사쓰마 번주 시마즈 요시히로가 박평의 등 42명의 조선인 도공을 붙잡아온 것이 계기가 되어 생산한 도자기가 사쓰마 도기의 시작이다. 박평의를 중심으로 만들어낸 사쓰마도기는 이삼평의 아리타도기와 함께 일본의 대표적인 도기로 꼽힌다. 1867년 사쓰마도기는 일본을 대표해서 파리 만국박람회에 출전하여 구미에서 유행하던 일본취미에 큰 영향을 미쳤다. 그 후 「SATSUMA」라는 브랜드로 국제적으로 널리 알려지게 되었다. 2002년 국가의 전통적 공예품으로 지정되었다.

가고시마시립미술관

2004년 현재 1,700여 점의 예술품
이 소장되어 있다. 임진왜란 당시 일
본으로 끌려간 한국 도공들에 의해
만들어진 사쓰마도기가 소장되어 있
다. 일본 가고시마현에 있다.

조선도공에 의해 개설된 도자기 가마
A: 하기(萩)·모리 테루모토
  -이경(李敬)·이작광(李灼光)
B: 카라츠(唐津)·나베시마 나오시
  게-임진왜란 이전부터 존재
C: 아리타(有田)·나베시마 나오시
  게-이삼평(李參平)
D: 나와시로가와(苗代川)·시마즈
  타다츠네-심당길(沈當吉)·박평
  의(朴平意)
E: 카타노(堅野)·시마즈 이에히사
F: 쵸사(帖佐)·시마즈 요시히로

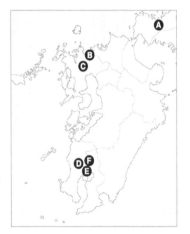

4.5. 한국과 일본 도자기의 상관관계

4.5.1. 선사에서 고대까지의 교류사

"한국과 일본의 도자기 교류사는 7천, 8천 년 전부터 시작"되었다. 신석기시대에 이미 일본유적에서 한반도의 융기문토기가 출토되고 우리나라 부산의 동삼동 패총에서는 일본의 죠몽토기가 출토되어 한·일 양국 간의 도자기 교류사를 입증하고 있다. 이후에도 신석기시대의 전기 압인문토기와 중기의 수가리식토기 등이 일본에서 출토되고 있다.[77]

이어서 야요이시대가 되면서 한반도의 영향이 급증하여 청동기·철기·벼농사가 전파되며 이와 함께 무문토기가 들어간다. "무문토기는 우리나라 청동기시대 중기의 특징적인 송국리식 토기와 단도마연토기인 홍도가 일본 야요이 시대 유적에서 출

부산광역시 동삼동 출토. 신석기시대에 일본과 활발한 교류가 있었음을 알 수 있다.

토되며, 이 중 홍도는 기형과 장식기법에 영향을 주어 일본에 이를 모방한 새로운 기종이 나타난다. 또한 무문토기 후기의 점토대토기도 일본의 유적에서 출토되지만 일본 토기에 직접적인 영향은 없는 것"으로 보고 있다.[78]

한국의 도자기가 일본 도자문화에 미친 가장 큰 영향은 '스에

---

77) 한국과 일본의 도자기 교류사.
78) 같은 글.

기'79)의 발생으로 볼 수 있다. "삼국시대 4세기 무렵부터 크게 성행한 이 토기문화가 4세기말이나 5세기 초에 일본에 그대로 전파"되어 '스에기'가 발생하였다. 이 '스에기'는 이후 "일본 도자문화의 모태가 되는 것으로, 교요라 부르는 가마를 짓고, 장석을 다량 함유한 내화도가 높은 점토를 골라, 물레를 사용해 성형한 그릇을, 1000도가 넘는 고화도에서, 환원염80)으로 가마에서 자기를 구워"81) 만들었다.

이러한 "새로운 기술로 만든 '스에기'는 한반도에서 건너간 장인들에 의해 전해졌다"고 하며, 각지로 퍼져나간 것으로 본다. 하지만 최근에 여러 지역에서 초기 가마들이 발견되어 다른 견해도 생겨났다. '스에기'는 날카로운 "조형과 단단한 재질을 갖추고 있어 일본에서는 이를 토기가 아니고 석기라 분류하고 있으며, 이들은 삼국시대의 가야, 신라, 백제 토기의 기형을 골고루 본뜨고 있지만, 크게 보면 가야계의 기술이 기본이 되고 백제계의 요소도 농후하며 특히 쓰에무라에서는 신라계의 영향도 보인다."82)

이어서 "7세기 후반 무렵 일본에서는 처음으로 유약을 바른 도기가 출현한다. 연을 매용제로 하여 비교적 저화도에서 장석을 녹여서 얻은 연유인데 동을 가하여 녹색의 발색을 보이는 녹유83)도가 나타난다. 이 녹유도의 존재는 곧 이어 당삼채의 영향으로 나타나

---

79) 일본 고분시대 중기에서 헤이안시대에 걸쳐 제작된 토기(녹로로 빚어 고온에서 구운, 비교적 경질(硬質)인 회흑색 토기. 주로 한국에서 건너간 이들이 구웠다 함). 출처: 민중서림사전.
80) 속불꽃(불꽃의 안쪽에 있는 녹색을 띤 푸른색 부분).
81) 한국과 일본의 도자기 교류사.
82) 같은 글.
83) 구리에 납을 매용제로 하여 녹색을 띠게 만든 저화유(低火釉). 또는 그것을 칠하여 만든 도자기 제품. 동양에서 가장 오래된 유약으로, 중국 당송(唐宋)시대에 화북 지방에서 널리 사용하였다. (출처: 표준국어대사전)

는 소위 '나라삼채'의 기술적 바탕이 되지만, 이 삼채도기의 출현 이전에 보이는 녹유도는 한국에서 기술을 도입하여 이루어진 것"으로 생각되고 있다. [84)

나라, 헤이안 시대를 거치면서 "일본의 도자기는 주로 중국으로부터 직접적인 영향을 받아 발전하며 9세기 무렵에는 우리와 같이 월주요 청자의 영향을 받지만 청자 번조의 성공까지에는 이르지 못하고 회유도의 수준"에 머문다. 이러한 "상황은 거의 16세기 말 까지 지속되며, 이런 가운데 일본 귀족층들은 중국과 한국에서 청자나 백자 등의 고급자기를 수입하여 사용하였으며, 이런 수입자기를 모델로 한 회유도의 생산도 이루어졌다." 특히 가마쿠라 시대가 열리면서 "세토요에서 이런 작업이 활발하여 여기서 주로 중국제품을 모방한 각종 도기들이 만들어졌는데, 이 가운데 고려에서 온 청자 매병을 본 딴 것으로 보이는 기형도 나타나" 주목된다.[85)

4.5.2. 일본자기 발생에 미친 영향

일본에서 자기의 번조에 성공한 것은 1616년쯤으로 본다. 오랫동안 회유도의 수준에서 벗어나 "일본이 백토를 원료로 한 백자의 번조에 성공하는 데에는 조선 사기장의 영향이 절대적이었다"[86)고 전하며, 특히 임진왜란 때 일본에 건너 간 이삼평이란 인물이 큐슈에서 백토광을 발견하여 처음으로 백자를 만들었다 하여 이 지역에서는 "이삼평을 도조라 추앙"하고 있다.

---

84) 한국과 일본의 도자기 교류사.
85) 같은 글.
86) 같은 글.

현재는 일본 자기의 발생에 관해, "조선에서 온 사기장과, 나가사키에 거주하던 중국인 기술자와, 일본 상인들이 연계하여 상호협력으로 성공하였다"고 보고 있지만, 최종적으로 일본이 새로운 자기를 만들 수 있게 된 데에 "조선의 영향은 결정적이라 해도 좋을 것"87) 같다. 또한, 그 결정적인 계기 역시 "임진왜란 당시 일본에 끌려 간 조선 사기장들에 의한 것임은 분명한 사실"이다. 즉 16세기 후반에 다이묘들이 "세력 확장을 위해 식산흥업에 힘을 기울이는 풍조가 일어났는데, 임진왜란 당시 조선에 출병한 다이묘들이 도자기의 생산으로 얻게 될 경제적 이윤 때문에 요업에 관심을 갖게 되면서 귀국 시에 조선의 사기장들을 데리고 와 각지에서 가마를 열었다. 여기서 17세기 초에 열효율이 좋은 조선식의 연방식 등요를 도입하게 됨에 따라 대량 생산이 가능해졌으며, 이 새로운 가마구조는 전국적으로 퍼져나가 일본 자기기술발달에 큰 공헌을 하였다." 조선의 도자기들이 일본에 기술적으로 큰 영향을 주었다. 그러나 "당진소에서 생산한 철화 백자류에는 조선 도자기의 영향이 뚜렷이 보인다."88)

4.5.3. 현대 일본자기에 미친 영향

일본은 "중국의 상회(上繪)기술을 받아들여 색회자기의 생산에 열을 올리고 기형이나 문양장식도 주로 중국풍"을 따랐다. 일본의 도자기는 비약적인 발전을 이루면서 일본적인 양식도 확립되었다.

---

87) 같은 글.
88) 같은 글.

주로 "기교와 기술 위주의 일본도자기들은 19세기 말 20세기 초반까지 계속되지만, 야나기 등에 의해 일어난 소위 '민예' 운동에 동참하는 일군의 도예가들에 의해 일본에서는 현대적인 도자기"가 나타난다. "공예 본래의 건강미를 찾는 것을 목표로 한 이 운동의 도예가"로는 버나드 리치(Bernard Howell Leach)[89] 등 4인이 대표적이며, 관심을 가졌던 "조선미술에 영향을 받아 조선도자기에서 그 모델을 구하고자 하여 조선풍, 특히 민간용의 질박한 자기의 조형감을 그들의 작품에 구현하려 애썼다. 그래서 조선 후기의 기형이나 장식을 본뜨기도 하고, 여기에 자신들의 창의적인 장식을 가하기"도 하였다. '버나드 리치'는 "일본에서 작업을 오래 하면서 조선도자기를 접하게 되고 이후 유럽에 건너가 한국을 포함한 동양도자기의 조형정신을 전파하여 도예계에 새로운 바람"[90]을 일으킨 장본인이다.

4.6. 한·중·일 도자기 문화의 공통점과 차이점

일 만년이 넘는 기나긴 시간의 도자기 역사에서 한국, 중국, 일본이 차지하는 비중은 실제로 막강하다. 이 세 나라는 세계 도자기 문화의 흐름을 주도할 정도로 그 위세가 대단하였다. 그 이유는 순전히 일찍부터 높은 온도에서 구운 유리질의 자기를 생산하였기 때문이다.

---

89) 영국의 도예가. 홍콩 출생. 런던 슬레이드예술학교에서 동판화를 배웠다. 1920년 콘월주(州)의 세인트아이브스에 가마를 설치하고 영국의 전통적인 슬립웨어(slipware)의 도법 재현에 성공하였다. 제2차 세계대전 후에는 국제공예가회의를 주재하는 등 문화교류에도 공헌하였다. (두산백과)
90) 같은 글.

① 한국과 중국, 일본은 영향을 서로 주고받으며 그릇을 만들었지만, 각각 다른 미감과 의식을 갖고 있었다. 상상력이 발휘된 추상적인 소재나 신비로운 느낌을 주는 장식, 또한 화려하고 현란하며 복잡하기도 한 장식이 중국과 일본 도자기의 주류를 이루었다면, 상대적으로 한국은 표현방법이 크게 달랐던 것이다. 신비로운 유약을 씌운 고려청자와 자유분방하고도 현대적인 장식의 분청사기, 유교의 이념을 바탕으로 절제와 단순화의 미학을 형태와 색으로 완성한 조선백자가 그 특징을 대변해 주고 있다. 자연의 본질과 사람의 심성이 그대로 드러나게 하려는 마음이 한국의 도자기의 특징이며, 이것이 중국이나 일본자기와 대별되는 것이다.

② 한국의 자기 중에서 독특한 개성을 보여주는 하나가 분청사기이다. 고려청자는 15세기 조선시대가 되면서 장식기법과 장식소재가 다양하게 변화되는데, 이것을 분청사기라고 부른다. 15~16세기 사이에 조선백자와 함께 제작되었지만, 청자나 백자와는 여러 면에서 다른 특징이 나타난다. 흙으로 형태를 만들고 그 표면에 흰 흙을 얇게 칠한 후 주로 긁거나 새기는 방법으로 장식하여, 청자나 백자와는 차이가 있다. 소재나 구성이 서정적이고 소탈하며 현대의 추상작품을 연상시키는 것도 다수이다. 조선시대 서민문화의 한 단면을 대변해 주는 것으로 잘 알려져 있는 분청사기는 시대와 국적을 초월하여 현재에도 수많은 사람들의 찬사를 받고 있다. 고려청자의 우아함이나 조선백자의 절제된 아름다움을 뛰어 넘어 일탈된 미의 경지를 보이는 분청사기는 한국만이 누릴 수 있었던 새롭고 독특한 자기문화의 세계였다.

③ 조선시대에 찬란한 문화를 꽃피웠던 한국의 백자는 중국이나 일본, 유럽의 것과 형태와 장식, 의미에 있어서 확연히 다르다. 예를

들면, 세계 각국의 백자는 여러 가지 색의 안료를 사용한 채색자기가 주류를 이루었지만, 한국에서는 동일한 안료 장식을 시도해 본 일이 없다. 주로 한 가지 안료로 장식한 푸른색의 청화백자와 갈색의 철화 백자, 붉은 색의 동화백자가 제작되었을 뿐이며, 그 차이가 분명하다. 이 차이는 기술이 아니라, 미의식과 사상의 문제에서 비롯된 것이다.

④ 중국은 사치스러우며 당당한 멋을 가지고 있으며, 한국은 세련되며 때론 소박한 아름다움을 가지고 있다. 일본은 화려한 일본 나름의 멋을 잘 나타내고 있다. 우리 조상들은 요란한 모양이나 화려한 색깔을 표현하기보다는 소박한 자연의 색과 생활에 필요한 기능을 위주로 한 대범한 모양의 아름다움을 구현해 냈다. 이것은 우리만의 독창적이고도 훌륭한 도자기 예술이라고 할 수 있다.

⑤ 한국 도자기는 중국 일본도자기에 비하여 기형에 있어서는 단순하고 색에 있어서는 조용한 색을 선호한다.

4.7. 한·중·일 도자기문화 속에서 읽을 수 있는 문화적 혼종성

세계 도자기 문화에 뚜렷한 족적을 남긴 한국, 중국, 일본의 도자기 문화를 비교해 보면, 비슷한 점도 있지만 각 나라마다 독특한 모습을 보이고 있음을 알 수 있다. 즉 상호간에 교류를 통한 영향관계가 확실히 있지만, 또 어떻게 보면 독창적으로 저마다 도자기 문화를 만들어갔다. 그래서 이 도자기 문화를 살펴보면, 한국, 중국, 일본의 도자기 특성을 알 수 있을 뿐만 아니라 더 나아가 이를 통해 각국의 문화적 특징을 알 수도 있다. 우리 도자기에 초점을 맞추어 도자기 문화를 보면, 우리나라는 중국의 선진문화를 수용하였고 그

것을 우리의 것으로 소화하여 재생산한 창조적인 모습을 볼 수 있다. 따라서 한국 문화, 혹은 미술 분야에서 한국적인 특질의 구체적인 모습을 확인할 수도 있다. 그리고 우리의 문화가 일본에 전래되어 일본에서는 어떻게 변용되었는지에 대해 알아보면 우리문화의 특징을 조금 더 명확히 이해할 수 있다. 결과적으로, 한국, 중국, 일본의 도자기 문화를 통해 도사기 문화뿐만 아니라, 훨씬 더 다양한 문화적 혼종성의 의미를 지니고 있음을 알 수 있다.

5. 민간신앙과 문화적 혼종성

5.1. 한국의 민간신앙, 무교

무속신앙은 원시종교 신앙의 한 형태이다. 신령(神靈)이 실재하며 신력(神力)을 얻은 무당(巫堂)을 주축으로 민간에서 전승되고 있는 종교적 신앙형태이다. 전 세계에 분포되어 있으며, 선사시대부터 오늘날까지 이르는 가장 오래 되고 보편적인 종교 신앙이다.

5.1.1. 한국의 무교

한국의 무교(巫敎)는 오늘 날에도 민중종교로 역할을 하고 있다. 단군신화에서도 한국 무교의 흔적을 찾아볼 수 있으며 고대 국가에서 행해진 제천의례에서도 찾아볼 수 있다. 즉 무교는 한국의 고유 신앙이자 전통문화의 뿌리라고 할 수 있다.

그러나 조선시대에 유교를 국교로 삼으면서 유교 이외의 다른 종교들이 배척당하게 된다. 하지만 무교는 다른 종교들과 승합, 동화하여 억압 받던 부녀자들이나 서민층 속에 살아남게 된다. 조선 말기에 일부 상류층을 비롯한 궁중에서도 대규모 굿이 행해졌던 것을 보아 여러 가지 불안 속에서 무교를 찾았다는 것을 알 수 있다.

일제강점기 때 일제는 무교를 미신으로 몰아 타파의 대상으로 삼았다. 해방 이후에는 서구 과학사조의 급속한 전래와 서구종교가 지배하는 사회 분위기 속에서 무교가 또 다시 미신으로 배척당하였다.

그러나 다행스럽게도 1980년대에 우리의 주체의식이 강조되고 우리 문화를 찾자는 분위기가 형성되면서 무교 역시 재평가를 받기 시작했다. 굿 기능 보유자들이 인간문화재로 인정받고 '제주 칠머리당 영등 굿', '강릉 단오 굿'등이 유네스코에 등재되면서 무교도 하나의 문화 예술로 받아들여지게 되었다.

5.1.2. 무속신앙과 우리의 일상생활

굿은 신에게 복을 빌고 그 대가로 신에게 즐거움을 주기위해서 행해지던 의례이자 일종의 마을 축제였다. 또한 옛날 정월대보름과 명절날 행해지던 전통놀이들도 풍년을 기원하는 마음에서 비롯된, 일종의 무속신앙에서 나왔다고 할 수 있다. 즉 한국의 전통문화의 기원을 무속신앙에서 찾아 볼 수 있다.

전통문화 말고도 우리 일상생활에서도 무속신앙을 찾아 볼 수 있다. 한국에서는 달갑지 않은 손님이 올 때 소금을 뿌리고 감옥살이한 사람이 감옥살이에서 해방될 때 두부를 먹이는 관습이 있다. 소금과 두부의 하얀색이 부정한 것을 정화시켜 준다고 믿기 때문이다. 각종 미신들 중에서도 무속신앙과 관련되어 생긴 미신들도 많다. 이렇듯 무속신앙은 알게 모르게 한국인의 삶 속으로 파고들어 많은 영향을 주고 있다.

5.2. 민간신앙의 문화적 혼종성

민간신앙은 크게 샤머니즘과 애니미즘, 토테미즘으로 구성되어 있다. 샤머니즘은 샤먼이 신이나 초자연적인 존재의 대행자로서 집단의 중심이 되는 신앙을 말한다. 한국의 무속신앙은 시베리아를 중심으로 만주, 일본, 몽골 등 우랄알타이계 종족의 샤머니즘과 계통을 같이 하고 있다. 애니미즘은 무생물이나 물건에 신과 정령이 깃들어 있다고 믿는 신앙으로 일본의 민속신앙인 신토가 애니미즘의 성향이 강하다. 토테미즘은 어떤 동식물 또는 자연물을 토템으로 삼아 자신의 집단과 특별한 관계를 맺고 있다고 믿는 신앙을 말한다. 오스트레일리아, 아메리카, 아시아, 아프리카에 있는 원시 민족들 사이에서 종교의 위치를 대행하며 사회조직의 기저를 제공하는 하나의 체계였다.

5.2.1. 일본의 민간신앙, 신토

가까운 이웃 나라인 일본에는 신도(神道)[91]라 불리는 민속적 신앙 체계가 존재하며 일본 고유의 다신교이다. 자연적으로 발생된 민간신앙으로 이론이나 종교조직이 없었지만 6세기 불교의 영향을 받으면서 일본 고유의 신을 기초로 한 신토가 발생되었다. 신토의 특

---

91) 일본의 발음으로 '신토'라고 부르기도 한다.

징 중 일본에는 800만의 카미
(신)가 있다는 말이 있을 정도
로고 애니미즘 성향이 강하다.
  일본에는 곳곳에 신사가 존
재하는데 신사는 불교의 절,
가톨릭의 성당과 비교할 수 있
다. 한국의 무교와는 신당을 비교할 수 있겠지만 그 규모와 역할이
상당히 다르다. 한국의 신당은 굿을 벌이기위한 장소로 사용되거나
굿에 사용되는 무구를 보관하는 장소 또는 신을 모시고 있는 장소
로 사용된다. 즉 일반인들이 신당에 발을 들여놓는 경우는 거의 없
다. 그러나 일본의 신사에는 많은 사람들이 방문하며 해외 관광객
들도 관광 목적으로 신사를 방문한다. 신사는 일본의 대표적인 명
소이자 일본만의 독특한 특색으로 자리 잡고 있다. 이러한 이유로
일본의 신사는 한국의 당목이나 돌탑처럼 신성한 성역의 역할에서
불교의 영향으로 신이 거주하는 장소, 사람들이 참배를 하러 오는
장소가 되면서 이러한 차이가 발생한 것으로 보인다.
  일본인들은 중요한 날이 있을 때 신사에 참배를 하며 결혼식이나
성인식을 신토식으로 치르기도 한다. 정초가 되면 신사에 들려 참
배하는 관례가 있으며 집에 조상의 위패를 모신 불단이 배치된 집
이 많다. 고층빌딩이나 공장 같은 건물을 지을 때 지진제를 신토식
으로 하는 관례도 있다.92) 또한 신토는 회화, 가부키, 건축, 조각,
노(能), 정원, 칠기 공예, 꽃꽂이 등 일본문화와 일본인의 정신생활
의 한 부분이 되어 있다.

---

92) 한국에서도 비슷한 관례로 고사를 지낸다.

일본의 류쿠(현 오키나와현) 지역에는 류쿠 신토가 예로부터 전해 내려온 신앙이다. 신토와는 비슷하지만 샤머니즘 성향이 강하다. 류쿠 신토에는 한국의 강신무93)와 비슷한 '유타'가 있으며 높은 신분의 여성들 중 선택 된 사제를 '노로'라고 했다. 노로 중 가장 높은 노로를 '키코에오오기미'라고 불렸는데 왕족 여성만이 할 수 있었다. 유타는 개인, 가문, 마을에서 일을 했던 무당이며 오늘 날까지 전화서비스 등으로 명맥을 유지하고 있지만 노로는 류쿠왕국94)의 왕부에서 운영되어 온 사제로 오키나와 전투 후 명맥이 끊기고 말았다. 신토에는 '무녀'라는 신토의 샤먼이 존재하지만 메이지 유신 이후 다양한 무속 의식들이 금지 되면서 현대의 무녀는 신사에서 일하는 직원 혹은 봉사자와 비슷한 개념이 되어버렸다. 그렇지만 신토의 무녀는 대중적이며 긍정적인 이미지가 있어 일본의 여고생들이 많이 하는 아르바이트로 손꼽히며 일본의 신사와 함께 일본의 민속신앙의 대표적인 이미지가 되었다.

무녀와 신사의 이미지 때문에 일본에는 민간신앙이 발달된 것으로 보이지만 신사중심문화로 보는 것이 옳다. 메이지유신 이후 주술 의식이 금지되어 일본의 주술사들의 입지가 좋지 않으며 일본 내에서도 이런 주술사보다 공공행사와 축제를 담당하여 돈을 버는 신사들이 더 중요한 역할을 차지하게 되었다. 그리고 한국의 무교는 무교만의 교리사상이나 우주관과 인간관, 신관 등을 가지고 있으나 일본의 신토는 극락은 불교에게 맡기는 등 체계적인 교리사상을 세우지 못하고 불교와 동화된 채 많은 부분을 불교식으로 행하

---

93) 신 내림을 받아 무업을 하는 무당.
94) 메이지유신 후 일본이 힘으로 합병시키기 전까지는 별개의 나라였음.

고 있다.

5.2.2. 중국의 민속종교, 도교

도교는 중국뿐만 아니라 한국, 일본, 동남아시아까지 영향을 미친 종교이다. 도교를 중국만의 민간신앙으로만 보는 연구에서 동북아시아 지역 전체의 자연주의 사상, 토착, 민간신앙과 문화의 교류 측면에서 연구하는 관점도 활발하게 진행되고 있다. 도교는 원래 구성되어 있던 샤머니즘에 도가 사상의 내용이 덧붙여져 발생하였으며 이후 유교와 불교의 요소를 받아들이면서 지금의 형태로 만들어졌다고 한다.

고대의 사람들은 자연에는 신이 깃들어 있다고 생각하여 영력이 강한 사람만이 신들에게 접근할 수 있다고 생각했다. 이러한 사상으로 굿, 점복, 금기, 조험(재앙의 징조를 알아채는 것), 예언, 부적과 주문과 같은 무속문화를 발생시켰다. 이러한 무속문화가 도교에 흡수되어 부록파[95]를 형성하였는데 부록파의 내용이 민간에서 유행하면서 민간도교의 중심적인 흐름을 이루었다. 즉 도교는 샤머니즘과 애니미즘의 영향을 많이 받은 종교라는 것을 알 수 있다.

한국에서 도교는 삼국시대 때부터 전파되었다는 기록이 남아 있다. 그러나 이미 불교가 중심 종교로 자리를 잡았으며 불교가 토착 신앙과의 융합도 강해 토착 신앙과 유사했던 도교는 고유의 특징을

---

95) 장도릉 (張道陵)은 도교(道敎)에서는 장천사(張天師), 조천사(祖天師), 정일진인(正一眞人)으로 일컬어진다. 저서로 도서(道書) 24편과 『노자상이주(老子想爾注)』가 있다. 제자가 3백여 명이 있었다. 그의 오두미교는 '천사도(天師道)' 혹은 '부록파(符籙派)', '정일파(正一派)'로 일컬어진다. (네이버 지식백과)

가진 채 한국에 파고들 여지가 없었다. 그렇게 도교는 불교와 토착 신앙과 융합하는 형태로 한국 문화의 구성원이 되었다. 현재 우리나라 불교와 무속 신앙에서도 도교적인 성격을 가진 요소를 많이 찾아 볼 수 있는 이유이다.

일본에서는 백제를 통해 도교가 전파되었다. 그러나 나라의 통제로 교난화에는 이르지 못하였으며 헤이안 시대를 거치면서 도교가 흥하기 시작하였다. 귀족들의 착취로 인해 구원을 꿈꾸었던 민중들이 도교의 은둔적이고 기복적인 성격과 잘 맞아 민중들과 민간신앙에 파고들게 되었으며 음양사[96]가 등장하게 되었다. 그러나 도교의 사상보다는 주술 위주로 일본에 들어왔기 때문에 독자적으로 발전하지는 못하였고 헤이안 시대가 몰락하면서 한국과 마찬가지로 민간신앙과 불교에 흡수되었다.

5.2.3. 미얀마와 네팔의 민간신앙

미얀마에 불교가 들어오기 전 원주민들은 애니미즘적인 정령 신앙을 갖고 있었는데 이 정령들을 '낫'이라고 한다. 사람들은 '낫'이 모든 자연에 존재하며 실제 역사적으로 존재했던 사람들 중 비참

미얀마의 민간신앙

하게 죽은 인물들이라 믿었다. 그렇기에 '낫'이 원한을 가지고 있으

---

96) 민간의 점술, 주술, 제사를 담당했던 신토의 직업, 오늘날로 따지면 천문학과 기상학, 지리학을 연구하여 농업이나 군사전략 수립 등을 현실에 응용하고 했던 과학자 집단. (네이버 지식백과)

며 '낫'을 잘 모시면 보호를 받고 그러하지 못하면 해를 받는다고 생각했다. 미얀마에는 37'낫'이 있으며 가신, 마을 수호신, 어머니계 —아버지계[97] '낫'으로 분류한다. 미얀마 사람들은 오늘 날에도 가신이나 마을 수호신 '낫'을 모시고 있다. 또한 자신이 모시는 '낫' 축제에 반드시 참여하여 공물을 바치고 주워진 의무를 수행하여야 한다.

'낫' 신앙에도 샤먼이 존재하면 굿을 하기도 한다. 미얀마의 굿은 한국처럼 종류가 다양하다. 개인굿에는 재수굿과 내림굿이 있으며 공동체 굿은 규모에 따라 마을 굿, 고을 굿, 나라 굿으로 나눈다. 한국의 굿에 있는 병굿이나 사령굿은 없으며 내림굿은 특이하게 무당이 '낫'과 결혼하는 형식을 취한다. 공동체 굿은 우리나라와 비슷하게 큰 축제로 여기며 우리나라 굿처럼 무당이 춤을 추고 연극을 하며 악사들의 일원인 가수가 노래를 부르며 축제의 흥을 돋운다고 한다. 미얀마는 불교의 영향력이 큰 나라이지만 '낫' 신앙이 미얀마 사회 뿌리 깊게 박혀 있어 '낫' 신앙의 무당 격인 낫카도의 영향력을 무시할 수 없다. 미얀마의 굿은 우리나라의 굿과 유사한 점이 많다. 무당이 빙의하기 위해 춤이 동반되며 종류가 다양한 무복 등이 특히 한국의 강신무와 유사한 점이 많다.

많은 네팔인들이 힌두교를 믿고 있지만 네팔의 샤머니즘은 네팔 사람들의 삶의 한 부분을 차지하고 있다. 네팔의 샤먼은 치료, 운명상담, 굿 등을 통해 여러 문제들을 해결해준다. 네팔의 샤먼은 네팔 인구의 약 2.3%를 차지할 만큼 네팔인들에게 있어 샤머니즘은 삶을 살아가는데 의지할 수 있는 대상으로 인식되고 있다. 네팔인들은 자신들이 믿는 종교와 관계없이 샤먼을 신뢰하고 믿는다. 의료시설

---

97) 어머니가 모시던 '낫', 아버지가 모시던 '낫'을 세습 받는 것. (네이버 지식백과)

네팔의 민간신앙

이 부족한 네팔에서 샤먼의 영적인 치병능력을 믿고 의지한다. 한국의 강신무들이 굿이나 상담을 통해 복채를 받는 것과 대조적으로 네팔의 샤먼들은 금전을 목적으로 의례를 하지 않는다. 이런 점이 네팔에서 샤먼들이 존경 받는 이유이기도 하다. 한국에서도 나이 많으신 어르신들이나 시골사람들이 무교의 치병능력에 의존한다. 실제적인 치료 능력이 있다기보다는 심리적인 위안을 주기 때문에 한국에서도 많은 사람들이 무교를 믿고 의지하고 있다고 볼 수 있다.

5.2.4. 고대 영국, 켈트의 드루이드

드루이드는 고대 영국 켈트 신앙의 사제를 말한다. 드루이디즘 사료와 자료가 현재는 거의 남아 있지 않다고 한다. 구전의 형태로 의존한 드루이디즘은 거의 소실되었으며 그나마 로마의 지배하에 있던 시기의 일부 자료가 기록되어 이름과 대략적인 구성이 남았고 당대의 문학작품에 마법사의 요소로 나온 흔적만이 남아 있다.[98]

'스톤헨지'는 드루이드의 주요 성지였다

고대의 켈트 사회에서 드루이드는 오늘날의 사제, 철학자, 정치 고문, 음악가, 화학자, 천문학자, 시인, 신학자, 교사, 그리고 재판관의 역할이 모두 요구되었고, 의학적, 약학적 지식은 필수 조건이었다. 민중들은 그들을 숭배하고 따랐기 때문에 왕들도 그들을 함부로 대할 수 없었다. 로마의 점령기에 저항 세력을 지휘했던 중심 세력도 드루이드들이었다. 결국 켈트가 로마에 침략 당하고 켈트인이 로마에 흡수되면서 드루이드의 권위는 실추하고 후계자가 끊기며 절멸하고 말았다.

5.3. 토테미즘으로 바라본 문화적 혼종성

동양에서는 샤머니즘이나 애니미즘처럼 토테미즘이 체계적인 종교로 발전한 사례를 찾아 볼 수가 없으며 호주와 북아메리카, 아프

---

98) 대표적인 예가 '아더왕의 전설'에 나오는 마법사 '멀린'.

리카를 중심으로 토테미즘 문화가 남아 있다. 그러나 대부분 원주민들 문화가 사라지면서 자료를 찾기가 힘들다. 그럼에도 불구하고 오늘날 스포츠팀이나 학교 등에서 동물을 미스코트로 삼거나, 영국의 사자와 서구권 국가가 독수리 같은 강한 동물을 국가의 상징으로 국기나 국장에 새기는 경우처럼 토테미즘 또한 우리 일상생활 곳곳에 녹아 있다.

미국의 국장

5.3.1. 토테미즘의 특징

한 동물이 단지 한 사람과만의 관계에서 수호정령과 초자연적 힘의 근원이 될 때는 토템으로 인정하지 않는다. 또한 샤머니즘의 샤먼이 동물정령에 사로잡혀 동물신과 동일시되는 것 등의 특정 개인에 관계된 것 역시 토테미즘으로 지칭되지 않는다. 더우기 집단과 동·식물, 자연물과의 결합이 무조건 토테미즘이 되는 것은 아니다. 토테미즘이 되기 위해서는 몇 가지 조건에 합당해야 한다. 집단은 그 집단의 토템의 이름으로 불린다. 집단과 토템과의 관계는 신화, 전설에 의하여 뒷받침된다. 토템으로 삼은 동·식물을 해치는 것은 금기이다. 같은 토템 집단 내의 결혼은 금지된다. 토템에 대해 집단 전체의 의식을 행한다. 즉 토테미즘은 동식물 숭배의식, 희생, 정화, 금기, 신화 등의 요소로 구성된다.

5.3.2. 한국의 토테미즘

한국의 토테미즘은 단군 신화에서 잘 나타나 있다. 단군 신화에 등장하는 인간이 되고 싶은 곰과 호랑이는 곰을 숭배하는 부족과 호랑이를 숭배하는 부족을 말하며 환웅과 결혼한 웅녀는 곰 부족과 하늘을 숭배하는 부족의 결합을 뜻한다. 이렇게 단군 신화는 토테미즘 성향을 띠는 신화라는 것을 알 수 있다.

토테미즘에서는 특이한 형태의 상징물이 존재하는데 이를 토템폴(totem pole)이라 한다. 한국의 대표적인 토템으로 장승을 예로 들 수 있다. 장승은 마을 입구에 세워졌으며 마을의 수호신과 이정표 역할을 하였다. 지역에 따라 색, 형상, 크기 등이 달랐으나 모양이 괴상한 점은 똑같았다. 마을의 악귀를 쫓기 위해 해괴한 얼굴이 선호되었기 때문이다. 과거에는 마을에 액운이 들거나 질병이 전염되었을 때 제사를 지냈다고 한다.

장승

한국에서는 오늘날 토템으로 호랑이를 선호한다. 한반도의 모양을 호랑이와 유사하다고 보며 88올림픽 때는 마스코트 캐릭터로 호랑이를 사용했다.

5.3.3. 북아메리카의 토템폴

캐나다의 스탠리 파크에는 북아메리카 원주민들의 토템폴 9개가 있다. 모두 원래 이곳에 있던 것은 아니고 이곳에 살던 원주민들의 토템폴을 모아 스탠리 공원으로 옮겼다고 한다. 스탠리 파크에 있는 토템 폴들의 기원은 알 수가 없으며 18세기 백인들에 의해 발견되어 옮겨졌다. 원주민들은 토템 폴을 축제에서 쓰기도 하였는데 원주민이 급감하면서 토템폴이 점차 사라지게 되었다. 그러나 20세기에 들어오면서 원주민들의 전통문화를 존중하고 보호해야 한다는 시선이 생겨났고 다시 토템 폴이 보존되고 만들어지게 되었다.

토템폴

5.4. 민간신앙의 세계화

각 나라의 민간 신앙은 모두 다른 특징이 있으면서도 비슷한 면모가 많다. 신과 인간을 잇는 샤먼이 존재하고 자연과 물건 등에 정령이 깃들어 있다고 믿었으며 토템을 선정하여 공동체 간의 단합을 도모했다. 사는 곳이 다르고 문화가 달라도 사람들은 항상 신을 찾았으며 신에게 의지한다. 사람이 갖고 있는 두려움을 신을 믿고 의지하면서 사람들은 이겨내려 했다. 신앙은 다양한 문화와 인종들을 잇는 가장 근원적인 것이며, 문화적 혼종성을 극명하게 잘 드러내는 것이라고 할 수 있다.

6. 도깨비 문화와 문화적 혼종성

6.1. 한국 도깨비

전통적인 한국 도깨비는 머리 위에 뿔이 있지 않으며, 철로 된 방망이를 가지고 있지도 않는다. 또, 한쪽 다리가 없는 것은 더욱 아니며 가죽을 허리에 두르는 모습은 전혀 한국 도깨비의 모습이라 할 수 없다.

도깨비가 처음 글 속에 등장하는 것은 조선 시대다. 도깨비가 처음 기록된 『석보상절』에는 "도깨비를 청하여 복을 빌어 목숨을 길게 하고자 하다가 마침내 얻지 못하니 어리석어 정신이 없어 요사스러운 것을 믿음으로 곧 횡사하여 지옥에 들어가 나올 수 없으니 이를 첫 횡사라고 한다."라는 내용의 글이 있다. 이를 통해서 일반

인들에게 도깨비가 널리 퍼져 있었다는 것을 알 수 있다.

6.1.1. 산에 살고 있는 도깨비

도깨비가 나타나는 산은 수풀이 우거져 있다. 산에 사는 도깨비는 음귀(陰鬼)적인 속성을 지니고 있으며, 해가 지고 어둑어둑할 때나 비가 부슬부슬 내릴 때 주로 나타나는 것으로 도깨비는 어두침

침한 곳을 좋아한다는 것을 알 수 있다. 산에서 사는 도깨비는 사람과 사귀려는 모습도 보이는데, 도깨비의 도움으로 부자가 된 이야기나 밤에 고개를 넘는 사람을 붙잡아 씨름하는 이야기, 사람에게 다가갔다가 이용만 당하고 쫓겨나는 모습 등을 통해 도깨비가 사람과 살기 위해 노력한 모습을 볼 수 있다.

6.1.2. 바다에 살고 있는 도깨비

바다에 사는 도깨비는 어업에 종사하는 사람들에 의해 신으로 모셔진다. 주로 갯벌이 있는 얕은 바다에서 산다고 여겨진다. 바다에 사는 도깨비는 어부들에게 고기가 많은 곳을 알려 주거나, 음식을 많이 주는 사람에게 고기를 몰아주는데 도깨비에게 잘못하거나, 음식 대접을 소홀히 하면 순식간에 망하기도 한다. 이런 이야기는 전라도 서해안 지방에서 집중적으로 전해지며, 옛날에는 보름에 한 번꼴로 고사를 지내 풍어를 지냈다고 한다.

6.1.3. 한국 도깨비의 특징

① 도깨비는 씨름을 좋아한다.
『한국구비문학대계』에는 낯선 사람이 자꾸 씨름하기를 권유해 그 사람을 찌른 한 남성이 다음 날 아침에 씨름하던 곳에 가보니 빗자루에 칼이 꽂혀 있었다는 이야기가 기록되어 있다. 이러한 이야기를 통해 도깨비가 씨름을 좋아한다는 것을 알 수 있다.
도깨비는 밤중 고개를 넘어오는 사람에게 나타나 씨름을 하자고 제안한다. 도깨비와 씨름을 하는 사람들은 술을 마시거나 고기를 들고 오는 경우가 많다.

⇨ 도깨비는 우리 민족이 만든 존재이기 때문에 옛 조상들이 즐기던 씨름을 즐기게 된 것이다.

⇨ 남성들의 놀이인 씨름을 좋아했다는 사실로 도깨비가 남성이었다는 것을 알 수 있다.

② **도깨비는 여자를 좋아한다.**

⇨ 도깨비가 남성이라는 사실을 생각했을 때, 남녀 간의 결합을 통해 음양의 조화를 추구하려는 옛날 사람들의 생각을 볼 수 있다.

③ **도깨비는 메밀과 술을, 고기와 술을 좋아한다.**

도깨비는 메밀과 술을 좋아하며, 고기와 술을 좋아한다고 알려져 있다. 특히 메밀은 도깨비 고사에서는 빠질 수 없는 중요한 제물인데, 이 메밀은 기근이나 흉년일 때 많이 심었다고 한다. 이런 궁핍할 때 먹는 메밀을 제물로 바친다는 것을 보아 민중들에 의해 도깨비에 대한 신앙이 전승된 것임을 알 수 있다. 그리고 도깨비를 직접 보았다고 말하는 경험담을 말하는 경우가 많다.

⇨ 우리의 일상생활에서 자주 접했던 존재임을 알려준다.

'도깨비 만나 부자 되기' 이야기를 보면 도깨비는 인간이 호의를 베풀면 보답을 한다. 이런 점에서 도깨비와 인간의 관계는 교환 관계라고 할 수 있다. 또, 부자가 된 인간은 도깨비를 내쫓는데 이런 면에서 도깨비는 사람과 어울리기를 좋아하고, 부자로 만들 만큼 신통력을 가지고 있지만, 사람만큼 영리하지는 못하다는 것을 알 수 있다.

⇨ 도깨비와의 의리나 신의를 버리는 사람들을 통해 욕심 많은 사람을 비판한다.

그럼 한국의 도깨비는 다른 나라 도깨비들과의 문화적 혼종성을 어떻게 보여주고 있을까? 과연 도깨비의 문화적 혼종성의 실상은 어떠하며 서로 어떤 영향을 주고받았을까? 동양권의 중국과 일본의 도깨비들, 그리고 서양권의 도깨비들에 대해서 살펴보도록 하자.

6.2. 중국의 도깨비(산소 山魈)

남령(南嶺)의 남쪽, 현재의 광동성(廣東省) 및 광서장족(廣西壯族) 자치구에 해당하는 지방의 산중에는 산소가 많이 살고 있었다. 산소는 독각귀라고 하는데, 다리가 하나인데 발꿈치가 앞쪽에 있고, 손가락과 발가락이 세 개씩이다 암컷은 산고(山姑), 수컷은 산공(山公)이라고 한다. 산속에서 산고를 만나면 연지(臙脂)와 백분(白粉)[99]을 요구하고, 산공은 금전을 요구했다. 이 요구에 응하면 산소는 자신들의 영역권 내에서 호위해 주었다. 산소는 게와 청개구리를 좋아

---

99) 화장품. 연지는 입술과 뺨에, 백분은 얼굴에 바른다.

한다. 산중의 담수에 사는 게와 청개구리를 미리 잡아놓았다가, 밤에 불을 피우고 야영하는 사람이 있으면 그곳에 나타나 구워 먹는다. 산소는 정직하고 성실하지만, 그들을 배신하면 큰 피해를 입힌다. 산소는 인간과 공동으로 농사를 짓는 일도 있는데, 사람이 밭과 곡물의 종자를 제공하면, 산소는 땅을 갈고 씨를 뿌린다. 산소는 정직하기 때문에 욕심을 내지 않지만, 만일 인간이 욕심을 부리면 그들의 저주 때문에 천역병(나병)에 걸리게 된다.

산소는 역신과 농경신의 기능을 한다.

산소는 대나무가 불 속에서 탁탁 벌어지는 것 같은 소리를 싫어한다. 그와 비슷한 소리인 폭죽 소리도 매우 싫어하는데,『형초세시기(荊楚歲時記)』[100]에 정월에 마당에서 폭죽을 터뜨리는 습관은 산소나 악귀를 쫓기 위해서라고 적혀 있다.

또한 원매의『속자불어(續子不語)』[101]에 보면 산소는 뽕나무로 만든 칼을 두려워한다는 내용이 있다. 늙은 뽕나무를 베어 만든 칼로 산소를 베면 즉사한다고 하며, 이 칼을 문에 걸어두는 것만으로 산소가 달아난다고 기록되어 있다.

도깨비와 산소의 공통점

㉠ 산에 살고 있다.

㉡ 역신과 농경신의 기능을 한다.

㉢ 인간에게 음식을 요구한다.

---

100) 원래는 10권이었으나 명대(明代)에 현재의 1권으로 종합되었다. 양(梁)나라의 종름(宗懍)이 6세기경에 지은『형초기(荊楚記)』를 7세기 초 수(隋)나라의 두공섬(杜公瞻)이 증보 가주(加注)하여『형초세시기』라 하였다. 현존하는 중국 세시기 중에서 가장 오래된 것으로 초나라 특유의 세시뿐만 아니라 일반적인 풍습도 기술되어 있다. (두산백과)
101) 원매(袁枚, 1716~1797)는 청(淸) 중기의 문인이다. (두산백과)

ㄹ 인간이 호의를 베풀면 은혜를 갚는다.

도깨비와 산소의 차이점

㉠ 도깨비는 산과 바다에 살고 있다.

㉡ 산소는 외다리이지만 도깨비는 건장한 청년이나 머슴으로 묘사된다.

㉢ 도깨비의 기본형은 남성뿐이지만, 산소는 암컷인 산고와 수컷인 산공으로 나뉜다.

6.3. 일본의 도깨비(오니鬼)

일본에서는 원래 신과 귀를 구분하지 않았으나, 점차 분화되어 귀는 오니로, 신은 카미(かみ)로 부르게 되었다. 오니는 원래 비정상적인 사람을 말할 때 쓰던 말이었다가, 악령의 의미로 바뀌게 되었

다(『일본서기』).

오니는 산에 사는 요괴로 보통 머리 위에 두 개 혹은 하나의 뿔이 있다. 어금니는 앞으로 튀어나와 있고, 키는 사람의 두 배이다. 원시인처럼 도롱이로 만든 옷을 입고 있으며, 손에는 철퇴로 된 방망이를 들고 있다.

오니는 강호 시대(도쿠가와 이에야스(德川家康)가 권력을 장악하여 에도(江戶) 막부를 운영한 시기(1603~1867))에 현재의 모습으로 정착되었고, 몸의 색깔도 빨강이나 파랑 등으로 그려진다.

우리나라에 이러한 도깨비의 모습이 자주 나타나는데 이는 일제 침략기에 들어온 일본의 동화 '혹부리 영감 이야기'가 초등학교 국어독본에 실리면서 여기의 삽화였던 오니가 도깨비로 알려지게 된 것이다.

문화 융합으로 인해 도깨비의 모습이 왜곡된 모습을 보여준다.

혹부리 영감 이야기 중 두 장면

6.4. 일본의 도깨비(텐구)와 일본의 도깨비(갓파)

다이텐구   갓파

텐구는 산 속에서 나타나는 일본의 대표적인 요괴 중 하나이다. 텐구는 코가 크며 얼굴이 붉다. 텐구는 다이텐구, 온나텐구, 가와텐구, 아쿠텐구, 노노하텐구, 쿠라마텐구, 가라스텐구로 나뉘어 있는데, 특히 다이텐구는 텐구 중에서도 가장 신통력이 강한 텐구라고 하며, 가지고 있는 깃털 부채를 이용해 그 힘을 사용한다. 부채는 부치는 것만으로도 폭풍이 일어날 만큼 강력하다. (다른 텐구에 대한 설명은 생략한다.)

갓파는 일본에 강이나 바다와 같이 물에서 산다고 믿어지는 요괴다. 갓파는 지역에 따라 엔코, 메도치 등으로 불린다. 갓파는 일반적으로 바가지 머리를 한 어린아이의 모습으로 머리 꼭대기에 움푹 파인 곳이 있다. 거기에는 물이 들어 있는데, 물이 없어지면 죽는다. 갓파는 씨름을 하자고 조르거나, 아이들을 강 속으로 끌어 들이는 등 장난치는 것을 좋아한다. 물에 빠뜨린 사람의 엉덩이에서 시리코다마[102]를 빼내는데, 이것이 없어진 사람은 얼간이가 되거나 생명을 잃게 된다.

도깨비와 오니의 공통점

㉠ 산에 살고 있다.

㉡ 방망이를 들고 있다.

도깨비와 오니의 차이점

㉠ 도깨비는 산과 바다에 살고 있다.

㉡ 오니는 머리 위에 뿔이 있지만 도깨비는 뿔이 없다.

㉢ 도깨비 방망이의 모양이 다르다.

도깨비와 텐구의 공통점

㉠ 산에 살고 있다.

㉡ 신통력이 있다. (도깨비 방망이와 텐구의 부채)

도깨비와 텐구의 차이점

㉠ 도깨비는 산과 바다에 살고 있다.

㉡ 텐구는 날개가 있어 날 수 있지만, 도깨비는 날 수 없다.

㉢ 도깨비의 모습은 거의 남성형이고 인간을 도와주거나 장난을 거
  는 것이 기본이지만, 텐구는 종류마다 특징이 다르다.

㉣ 능력을 사용하는 도구가 다르다. (도깨비 방망이와 텐구의 부채)

도깨비와 갓파의 공통점

㉠ 씨름을 좋아한다.

㉡ 물에 산다.

---

102) 옛날 항문(肛門)에 있다고 상상되었던 구슬(河童(=물귀신)이 이것을 빼어 가면 얼간이가
  된다 했음).

ⓒ 사람에게 장난치기를 좋아한다.

도깨비와 갓파의 차이점

㉠ 갓파는 물에서만 살 수 있다.

㉡ 도깨비는 사람을 죽일 정도로 악귀가 아니지만, 갓파는 사람을 죽일 수도 있다.

6.5. 서양의 도깨비

홉고블린은 유럽에서 집안의 수호령(守護靈)으로 여기는 요정의 일종이다. 홉고블린은 어린아이와 비슷하지만, 몸은 털로 덮여 있고, 긴 꼬리가 있다. 홉고블린은 우유 한 잔을 주면 말을 씻어 주거나 곡물을 빻아주는 등 집안일을 대신해 주지만, 그 보답을 잊어버릴 경우에는 주인을 괴롭히거나 집을 나가 버린다. 홉고블린은 밤길에서 길을 잃게 만들거나 의자로 둔

홉고블린

갑해 사람을 넘어뜨리는 장난을 치기도 하지만 악의는 가지지 않는다. 홉고블린은 생김새와 특징에 따라 다르게 구분되는데 각각 브라우니(Brownie, Browney),103) 보가트, 보기/보글, 푸카, 픽시/피스키

---

103) 작은 노인의 모습을 하고 있고 온몸이 갈색의 곱실거리는 털로 뒤덮여 있다. 보통 알몸이거나 갈색 누더기를 입고 있어 '브라우니'라고 불린다고 한다. 브라우니는 주로 아이들이나 정직하고 명랑한 사람들만 볼 수 있다. 브라우니는 간혹 잘 정돈된 것을 어지럽히는 장난을 치기도 하지만, 주로 아이들하고 놀면서 꽃으로 화관을 만들어 주거나 암소들이나 암탉의 길 안내는 해주며, 벌떼들이 습격했을 때 브라우니를 부르면 벌떼들을 다른 곳으로 보내는 능력이 있다. 브라우니는 좋아하던 사람이 죽으면 나쁜 길로 빠져 보가트가 된다고 한다. (네이버 지식백과)

가 있다.

보가트(Borrart)는 까무잡잡한 색의 털이 나
있고 찢어진 옷을 입고 있다.

보가트

보가트는 폴터가이스트(물체가 공중에서 날아
다니고 가구나 창문이 부서지는 심령현상)를 일으
키는데, 보가트가 사는 집에서는 밤이 되면 우
유가 들어 있는 컵이 쓰러지고, 물건이 날아다
니거나 아무도 없는 방에서 발소리가 들리는
등의 현상이 일어난다. 보가트가 사는 집에 사
는 가족들은 대개 이사를 할 수밖에 없는데, 생
각났을 때 바로 이사를 하지 않으면 보가트가
따라가기도 한다.

보기/보글

보기는 정해진 모습은 없지만, 굳이 말하자
면 날려 올라간 먼지의 모습을 하고 있다. 어두
운 곳을 좋아하며, 잘 열어보지 않는 서랍이나
보석함 등에 거주한다. 보기는 인간 생활에 관
심이 많아 사람의 머리 뒤에 떠다닌다. 보기는 밤이 되면 발소리를
죽이고 집안을 돌아다니다가 바닥의 튀어나온 곳이나 갈라진 곳을
차서 큰 소리를 내는 장난을 친다. 보기를 보고 싶으면 구멍이 나
있는 문을 갑자기 닫고 그 구멍을 들여다보면 된다. 희미하게 빛나
는 눈이 보이면 보기가 있다는 증거이다.

푸카(Pooka, Puka)는 몽마104)의 일종으로 불리는 켈트족의 요정이

---

104) Night-mare: 유럽을 중심으로 한 여러 나라에서 밤중에 자고 있는 사람을 습격하여 악몽
을 꾸게 한다는 악마들의 총칭.

다. 푸카가 사는 집에서 자면 엄청난 악몽을 꾼다. 푸카는 언제나 말이나 나귀의 모습을 하고 있다. 주로 사슬을 늘어뜨리고 털이 긴 야생 망아지의 모습으로 나타난다. 황소나 산양, 매로도 변신하는 경우가 있다. 생전에 게으름만 피우던 하인이 푸카가 된다고 알려져 있다. 푸카는 다른 홉고블린과 마찬가지로 밤중에 집 안을 청소하거나 접시를 깨끗하게 닦아놓기도 하지만 우유 한 잔을 주지 않았다고 괴롭히지는 않는다. 푸카는 집안의 하인이 푸카에게 윗도리를 새로 지어주면 승천한다.

푸카

픽시(Pixie) 또는 **피스키**(Piskie)는 잉글랜드 남서부의 서머셋, 데번, 콘월에서 자주 등장하는 요정이다. 픽시(피스키)는 세례를 받지 못한 채 죽은 아이의 영혼이라고 한다. 픽시(피스키)는 머리는 빨갛고 코는 위를 향하고 있으며 눈은 노려보는 듯하지만 장난기 많은 얼굴로 웃고 있다. 주로 녹색 옷을 입고 있고, 크기는 손에 올릴 수 있을 정도로 작지만, 더 커지거나 작아질 수 있다. 픽시(피스키)는 주로 나그네를 헤매게 만드는 장난을 치지만, 윗도리를 뒤집어 입으면 본래의 길로 돌아갈 수 있다. 농민들은 밤이 되면 물을 담은 양동이나 우유 한 잔을 바깥에 놓아두는데, 이는 픽시의 어머니가 아이

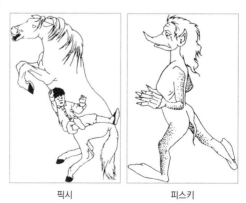
픽시   피스키

를 씻기거나 목이 마른 픽시가 마실 수 있게 한다는 것이다. 픽시(피스키)는 그 대가로 은화 하나를 양동이에 넣어두는데, 만일 그것(물이나 우유 등)을 준비하지 않으면 저주를 받게 된다.

도깨비와 홉고블린의 공통점
㉠ 인간이 호의를 베풀면 은혜를 갚는다. (우유를 주면 집안일을 해준다.)
㉡ 인간에게 장난치는 것을 좋아한다.
㉢ 좋아하는 음식이 있다. (도깨비는 메밀, 술, 고기를 좋아하며, 홉고블린은 우유를 좋아한다.)

도깨비와 홉고블린의 차이점
㉠ 홉고블린의 종류에 따라 사는 지역이 다르다.
㉡ 홉고블린의 종류에 따라 생김새와 성격이 다르다.
㉢ 도깨비는 오래된 물건이 생명력을 갖게 된 경우이지만, 홉고블린은 요정이다.

고블린은 프랑스나 영국에서 동굴 혹은 광산 지하에 산다는 요정의 일종으로, 신장 30cm의 소인이며 얼굴은 못생겼다. 고블린은 집의 구석이나 마구간, 동굴 등의 어둠을 좋아하는데, 정착하지 않고 놀릴 사람을 찾아서 장소를 옮긴다고 하며 장난을 좋아한다. 장난의 종류로는 울음소리를 내 우유를 썩게 하고 과일을 나무에서 떨어뜨린다, 인간에게 저주를 내리거나 악몽을 꾸게 한다. 컵을 깨거나 길을 걷는 사람을 헤매게 하는 등의 장난이 있다. 이러한 특징 때문에 어린아이들은 고블린을 무서워한다고 한다. 고블린은 어린

아이나 노인을 속여 재물이나 목숨을 빼앗으려고 하는데, 참을성이 없어 대개 실패한다고 한다. 고블린은 각각의 특징에 따라 코볼트, 그렘린, 레드 캡, 노커, 니스로 구분된다.

코볼트(Kobold)는 독일 집의 정령으로 홉고블린과 거의 똑같은 일을 한다. 고블린은 독일의 코볼트가 영어로 변화된 것이기 때문에 코볼트를 원조라고 보고 있다. 코볼트는 집안의 사람들이 자고 있을 때 집안 일을 끝내고 대가로 우유 한 대접을 받는다. 만약 주지 않으면 집을 나가버린다. 코볼트는 광산에 자주 출몰해 좋은 금속을 훔쳐가고 아무 쓸모가 없는 금속을 두고 갔는데, 그 금속은 후에 코발트라고 부르게 되었다. 코볼트는 예지능력이 있어 집안의 사람들에게 경고를 해주기도 하지만, 마음에 들지 않는 사람은 죽을 지경으로 만들기도 한다. 코볼트를 쫓아내기 위해서는 성서를 읽거나 십자가를 보여줘야 한다.

그렘린(Gremlin)은 높은 산 위에 살며 하늘을 날아다닌다. 기계 만지기를 좋아할 뿐 아니라 솜씨도 뛰어났는데, 기계를 고장 내는 장난을 좋아한다. 비행기 기관부 안에도 숨어 들어갈 수 있을 정도로 작다고 여겨진다.

고블린

코볼트

그렘린

레드 캡   노커   니스

레드 캡(Red Cap)은 잉글랜드와 스코틀랜드의 국경 부근에서 나타난다. 레드 캡은 작고 뼈만 앙상하며 완고하게 생긴 노인의 모습을 하고 있고 붉은 모자와 긴 손톱을 가지고 있다. 레드 캡의 모자는 사람의 피로 물들여진 모자인데, 매일 가지고 있는 도끼로 찍어 죽여서 붉은 모자를 새로운 피로 물들이는 사악한 요정이다.

노커(Knocker)는 영국 콘월 지방의 광산에 살고 있다. 좋은 광맥을 발견하면 광부들이 구멍을 파고 있을 때 "톡톡"하고 바위를 두드리는 소리를 낸다. 노커는 모습을 보이는 것을 싫어하며, 만약 억지로 보려고 하면 큰 보복을 가한다. 노커가 광산을 나와 버리면 광맥이 말라버린다.

니스(Nis, Nisse)는 스칸디나비아에 있는 집에 산다. 키는 15cm 정도이며 노인의 얼굴과 회색 옷을 입고 붉은 고깔모자를 쓰고 있다. 주로 농가나 교회에서 살며, 보수로 버터를 바른 빵과 우유를 주면 부엌일이나 마구간 일을 해준다. 일반적으로 밤에 돌아다니며, 음악을 매우 좋아해 달밤이면 들판에 모여 악기를 연주하거나 춤을 춘다.

도깨비와 고블린의 공통점

㉠ 인간이 호의를 베풀면 은혜를 갚는다. (우유를 주면 집안일을 해준
다.)

㉡ 인간에게 장난치는 것을 좋아한다.

㉢ 좋아하는 음식이 있다. (도깨비는 메밀, 술, 고기를 좋아하며, 고블
린은 우유를 좋아한다.)

도깨비와 고블린의 차이점

㉠ 고블린의 종류에 따라 사는 지역이 다르다.

㉡ 고블린의 종류에 따라 생김새와 성격이 다르다.

㉢ 도깨비는 오래된 물건이 생명력을 갖게 된 경우이지만, 고블린은
요정이다.

㉣ 도깨비의 장난은 사람을 다치게 하는 데에 그치지만, 고블린(레드
캡)은 사람을 죽이기도 한다.

홉고블린과 고블린의 공통점

㉠ 사는 지역이 거의 비슷하다. (영국, 프랑스, 독일 등)

㉡ 인간에게 장난치는 것을 좋아한다.

㉢ 우유를 좋아한다.

㉣ 크기가 크지 않다.

㉤ 가정집에서 인간과 함께 사는 경우가 많다.

홉고블린과 고블린의 차이점

㉠ 홉고블린은 사람을 괴롭혀도 죽이지는 않지만, 고블린은 죽이기도
한다.

ⓛ 홉고블린보다 고블린이 더 부정적으로 묘사된다.

6.6. 도깨비 문화의 세계적 유사점

한국의 도깨비는 주로 이웃 국가인 중국과 일본의 영향을 많이 받았고, 삼국이 서로의 문화를 공유하고 있다. 한국의 도깨비 문화의 혼종성을 살펴볼 수 있는 곳은 동양권이라는 사실은 틀림이 없다. 적어도 동양권에서는 도깨비 문화의 혼종성을 논하고 서로 영향을 주고받았음을 확인할 수 있었다.

서양의 홉고블린과 고블린은 장난을 좋아하며, 좋아하는 음식이 있고, 어떠한 능력이 있단 면에선 공통점이 있지만, 그 음식과 능력은 도깨비와 전혀 같지 않다. 생김새 또한 오래된 빗자루나 그릇 등 원래의 모습은 다르지만, 인간으로 변하면 전부 남성형인 도깨비와는 다르게 홉고블린, 고블린은 종류에 따라 그 생김새도 천차만별이다. 서양의 문화권 안에서 홉고블린이나 고블린 등의 문화적 혼종성을 보여주고 있는 반면에 동양과 서양이 혼종화되지 않은 점은 흥미로운 일이다. 그럼에도 불구하고 전체적인 의미를 부여하자면 홉고블린과 고블린, 도깨비는 동양과 서양이 각각 사람과 어울려 산다고 믿고 있는 신비스러운 존재라는 점이다.

7. 선비문화와 선비정신, 그리고 문화적 혼종성

고대 그리스에서는 지덕체를 두루 갖춘 사람을 길러내고자 하였고, 중국의 공자는 교육목표로서 강조하기를 '군자육예(君子六藝)'라 하여 '예악사어서수(禮樂射御書數)', 즉 '예의, 음악, 활쏘기, 말 타기, 글쓰기, 수학'을 두루 읽힐 것을 강조하였다. 일본의 사무라이 또한 문무양도(文武兩道)를 말하며 공부와 운동 두 가지를 모두 발전시켜야 한다고 말하였다. 먼 옛날이 아닌 현대에서도 건강이 "단순히 질병이 없고 허약하지 않은 상태만을 의미하는 것이 아닌 육체적, 정신적 및 사회적으로 완전한 상태를 말한다(Health is a complete state of physical, mental and social wellbeing and not merely the absense of disease of infirmity)."라고 정의하듯이 동서고금을 막론하고 문무(文武) 어느 한쪽에 치우쳐서는 안 된다는 논리가 일반적이다.

조선시대의 선비문화를 이끌어가는 선비들에게도 한쪽에 치우치지 않는 정신은 중요하였다. "요즘 세상은 선비 같은 남자들이 살아가기 힘든 세상이다."라는 말처럼 요즘엔 선비가 "품성이 얌전하기만 하고 현실에 어두운 사람을 비유적으로 이르는 말"105)로 사용되기도 한다. 즉, 선비는 세상물정 모르는 시대에 동떨어진 사람이라는 것이다. 하지만 국내의 여러 곳에서 선비문화를 체험할 수 있는 곳이 늘어가고 있고 선비의 정신을 기리는 곳이 많아지고 있다. 과연 선비가 정말 공부밖에 모르는 샌님이라면 무엇 때문에 현대에 선비를 기리고 그 정신을 체험하고 닮아보고자 하는 것일까.

현대 사회에는 실리주의적 가치관과 물질과 결과, 개인 중심적인

---

105) 네이버 지식in

가치관이 다른 것들보다 우선시 되는 경우가 많다. 공동체보다는 개인이 우선시되고 결과가 좋다면 그 과정에서의 문제 정도는 눈감아주며 동기나 과정이 아닌 결과 그 자체를 더 중요시 하고 있다. 이러한 사회적 분위기 속에서 선비정신은 고리타분한 정신이 될 수밖에 없는지도 모른다. 검소하고 청빈하게 살아가고 의리와 명분을 지키며 고고하게 살아가고자 한 선비들의 모습은 말 그대로 시대에 동 떨어진 것일지도 모른다. 우선 선비에 대해 다시 정리하며 현대 사회에서 선비의 정신을 다시금 찾고 있는 이유를 알아보고자 한다.

먼저 선비란 이름에 대한 사전적 정의를 찾아보면 다음과 같다. "예전에, 학식은 있으나 벼슬하지 않은 사람을 이르던 말", "학문을 닦는 사람을 예스럽게 이르는 말", "학식이 있고 행동과 예절이 바르며 의리와 원칙을 지키고 관직과 재물을 탐내지 않는 고결한 인품을 지닌 사람을 이르는 말". 물론 세상 물정을 잘 모르는 사람으로 정의한 경우도 있지만 이를 제외한 세 가지 정의를 살펴보면 모두 '학(學)'과 관련되어 있음을 알 수 있다. 영어 사전상으로 "Classical Scholar" 또한 선비에 대해 외국인들에게 정의를 할 때에 "The scholar of the Joeseon Dynasty", "조선시대 학자, 지식인"이라고 했던 것처럼, 선비하면 연상할 수 있는 첫째는 '학(學)'이다. 선비는 첫째로 '학자'이고 '독서인'이었다.

둘째로 선비하면 떠올릴 수 있는 대표적인 것 중엔 4군자, 즉 '매란국죽'이 있다. "이른 봄의 추위를 무릅쓰고 제일 먼저 꽃을 피우는 '매화', 깊은 산중에서 은은한 향기를 멀리까지" 퍼트리는 '난', 늦은 가을에 첫 추위를 이겨내며 피는 '국화', 추운 겨울에도 푸른 잎을 계속 유지하는 '대나무'. 이 네 가지가 선비를 상징한다. 선비를 상징하는 이 네 가지는 '지조'와 '절개'를 상징한다. 선비의 둘째는 바로 이 '지조'와 '절개', '의리'가 될 수 있다. 사육신과 생육신처럼 옳다고 생각하는 일을 위해서는 죽음도 불사하던 불요불굴의 정신력 즉, 현실이나 감각적 욕구에 매몰되지 않고 보다 높은 가치를 추구하며 신념을 실천하는 데 있어 꺾이지 않는 용기가 선비 정신의 두 번째가 될 수 있다.

그렇다면 세 번째는 무엇일까. 선비의 세 번째는 '무(武)'와 '예(藝)'라고 본다. 앞서 말했던 동서고금을 막론하고 중요하게 여겨졌던 한쪽에 치우치지 않는 정신은 선비들에게도 당연한 것이었다. '학예일치(學藝一致)'라고 하며 학문과 예술을 일치시키고자 하며, 단순히 책만 읽고 글만 아는 샌님이 아닌 육체와 정신을 모두 단련시키고 수양하는 이러한 정신이 선비 정신의 세 번째가 된다고 할 수 있을 것이다. 또한 배운 것을 단순히 아는 것에 그치는 것이 아닌 그 배운 것을 바탕으로 실제로 '행(行)'하는 '학행일치(學行一致)' 정신 또한 가볍게 여길 수 없는 선비정신의 한 대표적인 예이다. 즉, '충(忠)'을 글로써 읽는 것에 그치는 것이 아닌 실제 전쟁이 나면 함께 싸우며 나라에 대한 '충(忠)'을 실천하던 그 정신이 선비 정신의 빼놓을 수 없는 중요한 가치이다.

그렇다면 이러한 선비정신이 왜 현대에 와서 다시금 이야기 되는 이유는 무엇일까? 공동체보다는 개인이 중시되고 정신적 가치보다는 물질적인 것들이 더 중시되는 현대사회이기에 공동체를 중시하고, 타인을 배려하는 등의 선비 정신은 중요시되는 것이고 더 필요하게 된 것이다.

이러한 선비정신은 중국에도 유사하게 존재한다.
선비는 한자어의 사(士)와 같은 뜻을 갖는다.[106]

중국에서 역사적 의미의 선비 사(士)를 조금 더 살펴보면 다음과
같다.

중국에서 '사'는 은대(殷代)에도 관직 명칭으로 나타나지만 주대
(周代)에서는 봉건계급 속의 한 신분계급으로 드러났다. 곧 왕(천자)·
제후·대부·사·서인의 5등 봉건신분계급에서 '사'는 '대부'보다 낮고
'서인'보다 높은 신분이며, 관류의 직분으로서는 가장 하위에 속하
는 계급이다.

또한 '사'는 특히 학업과 관련시켜 언급되는 사실을 볼 수 있다.
『예기(禮記)』에는 '오사제도(五士制度)'가 보인다. 마을에서 학업에
뛰어난 '수사(秀士)'를 가려서 사도(司徒)에게 추천하면 '선사(選士)'가
되고, 사도가 선사 가운데서 뛰어난 자를 국학(國學)에 추천하면 '준
사(俊士)'가 되며, 선사와 준사 가운데서 학문이 성취된 자를 '조사
(造士)'라 하고, 대악정(大樂正)이 조사 가운데 뛰어난 자를 왕에게 보
고하고 사마(司馬)에게 추천하면 '진사(進士)'가 되며, 사마가 진사 가
운데 현명한 자를 가려서 관직에 임명하는 것이다.

'사'의 성격은 춘추전국시대에 공자와 맹자를 중심으로 유교사상
이 정립되는 과정에서 관직과 분리되어 인격의 측면이 뚜렷하게 확
인되었던 것이라 할 수 있다.

공자와 그의 제자들은 자신을 '사'의 집단으로 자각하였다. 그들

---

106) 한자의 사(士)는 '벼슬한다'는 뜻인 사(仕)와 관련된 말로서, 일정한 지식과 기능을 갖고서
어떤 직분을 맡고 있다는 의미를 갖는다. 『설문해자(說文解字)』에서는 사(士)의 글자 뜻을
'일한다' 또는 '섬긴다'(士, 事也)는 뜻으로 보아, 낮은 지위에서 일을 맡는 기능적 성격을
지적하였다. 동시에 '士'는 '十'(수의 끝)과 '一'(수의 시작)의 결합으로 된 회의문자(會意文
字)로 보고 있다. 곧 '十'을 미루어 '一'에 합한다고 풀이하면 넓은 데에서 간략한 데로 돌아오
는 박문약례(博文約禮)의 교육방법과 통하고, '一'을 미루어 '十'에 합한다고 풀이하면 '하나
의 도리를 꿰뚫는다(吾道一以貫之)'는 뜻과 통하는 것으로 해석된다. 이런 의미에서 '사(士)'
는 지식과 인격을 갖춘 인간으로 이해될 수 있고, 그만큼 우리말의 선비와 뜻이 통한다.
(네이버 지식백과: 한국민족문화대백과, 한국학중앙연구원)

은 관직을 목적으로 추구한 것이 아니라 도(道)를 실행하기 위한 수단으로 보았기 때문에, 유교이념을 실현하는 인격을 선비로 확립하였다.

공자는 도에 뜻을 두어 거친 옷이나 음식을 부끄러워하지 않는 인격을 선비의 모습으로 강조하였다. 제자인 자공(子貢)에게 "자신의 행동에 염치가 있으며 외국에 사신으로 나가서 임금의 명령을 욕되게 하지 않으면 선비라 할 수 있다."라고 말하였다.

그러면서 당시 정치에 종사하는 사람을 가리켜 "좀스러운 인물들이니 헤아려 무엇 하랴."라고 비평하였던 것도 선비는 관직이나 신분계급을 넘어서서 인격적인 덕성을 갖춘 존재임을 지적하는 것이다.

선비의 인격적 조건은 생명에 대한 욕망도 초월할 만큼 궁극적인 것으로 제시된다. 공자는 "뜻 있는 선비와 어진 사람은 살기 위하여 어진 덕을 해치지 않고 목숨을 버려서라도 어진 덕을 이룬다." 하였다.

증자(曾子) 또한 "선비는 모름지기 마음이 넓고 뜻이 굳세어야 할 것이니, 그 임무는 무겁고 갈 길은 멀기 때문이다. 인(仁)으로써 자기 임무를 삼았으니 어찌 무겁지 않으랴. 죽은 뒤에야 그칠 것이니 또한 멀지 않으랴."라고 하여 인(仁)의 덕목을 지적하였다.

자장(子張)도 "선비가 위태로움을 당하여서는 생명을 바치고, 이익을 얻게 될 때에는 의로움을 생각한다."고 하여 의로움의 덕목을 강조하였다. 맹자는 "일정한 생업이 없이도 변하지 않는 마음을 갖는 것은 선비만이 할 수 있다."고 하여 지조를 선비의 인격적 조건으로 지적하고 있다.

이처럼 '사'는 신분 계급적 의미를 넘어서 유교적 인격체로 파악되고 있으며, 우리말의 선비가 지닌 인격적 성격과 일치할 수 있는 것이다. 선비는 백성과 결합하여 사민(士民)으로 일컬어지기도 하고, 서인들과 결합하여 사서인(士庶人)으로 일컬어지는 사실은 선비가 지배계층으로 올라갈 수도 있지만, 대중들과 함께 피지배층을 이루고 있다는 사실을 보여주는 것이기도 하다.[107]

이와 같이 중국에서의 선비의 존재, 선비정신의 존재는 유교의 뿌리를 갖고 있는 중국이기에 아주 유사하다고 이야기할 수 있다. 중국에서도 과거가 있었고 이를 통하여 벼슬길에 나아가는 것이 출세의 길이었으나 정치를 멀리하고 스스로의 학문을 갈고 닦으며 수양하던 선비들이 있었다. 그렇다면 중국 이외의 다른 나라에서도 이러한 선비 정신이 존재하였을까? 이에 대해 조사해보았으나 중국 이외의 나라에는 우리와 흡사한 선비정신이 존재하지 않았다. 대신 각 나라별로 고유한 정신이 존재하였는데 이에 대해서 더 살펴보고자 한다.

먼저 중국과 함께 우리나라와 가장 가까운 국가인 일본에는 '사무라이 정신'이 있었다. '사무라이'란 일본 봉건 시대의 무사로서 귀인(貴人)을 가까이에서 모시며 경호하는 사람이었고, 헤이안 시대 이후부터는 일반적인 무사를 가리키는 말이었다. 이러한 "사무라이의 기본 정신은 '타협하지 않으며 두 번은 없다'는 것"으로 "비겁하게 물러서지 않고 당당히 맞선다."는 것이다. 일본에는 "싸움에 진 장수나 잘못을 저지른 사람이 자신의 잘못이 자기 명예를 더럽히는 것을 참을 수 없어 배를 갈라 자결하는 할복 문화"[108]가 있다. 극단적으로 보일 수 있으나 이러한 행동은 훌륭한 사무라이 정신이라며

---

107) 같은 글.
108) 네이버 지식in, 일본의 사무라이 정신이란 어떤 것인가요?

칭송받는다고 한다. 그렇기에 전투에 있어서 패배나 실수는 있을 수 없고, 살아서 패배를 하여 스스로 목숨을 끊을 바에는 "목숨을 걸고 싸우다 죽는 것"이 명예라는 것이다. 즉, 사무라이 정신은 "자신이 옳다는 확신이 있으면 남이 뭐라 해도 제 갈 길을 가는 것"[109]과 "무르지 않으며 두 번은 없는 일발승부"와 같은 것이라고 할 수 있다. 적 앞에서 치태를 보이지 않고 항상 당당하고 위엄 있어야 하며 목숨을 잃는 것을 두려워하지 않는 것이며 이와 함께 폐를 끼치거나, 큰 잘못을 하면 명성에 누가 된다 생각하여 할복을 하기도 할 만큼 스스로에 대해 엄격한 정신을 가지고 있었다.

사무라이는 왼쪽 편에 검을 차고 다녔는데 그들은 이 검을 함부로 빼 들고 싸우지 않았다. 오직 목숨을 걸고 싸워야 할 때만 칼을 빼들고 싸우는 것이었고, 칼을 빼들고 싸우는 것은 목숨을 걸고 싸우는 상황이었기에 무를 수도, 살아남을 수도 없는 싸움이었다. 그렇기 때문에 같은 사무라이들끼리도 "서로의 심기를 거스르지 않도록 서로 조심하며 예를 차리는 것"이 있었고, 이것은 지금까지도 이어져오는 서로에 대해 조심하며 예의를 갖추는 일본 국민성과도 유사한 면이 있다고 한다.

이러한 사무라이 정신은 일본의 정치나 행정적인 면에도 여전히 영향을 끼치고 있다. 일본은 현재 좌측통행이 실시되고 있는 나라이다. 사무라이들은 왼쪽에 칼집을 차고 있었기에 길을 오른쪽으로 걷다가 서로의 칼집이 부딪혀 버리면 그건 서로에 대한 '모욕'이 되어 칼을 빼들고 결판을 짓지 않으면 안 되었다. 그렇기에 "서로 싸움이 안 나도록 왼쪽으로 걷게 되었고, 이러한 문화가 현재까지도

---

109) 같은 글.

남아 있는 것"이다.

또한 사무라이는 말이 없고 조용한 모습을 연상시키기도 하는데 이는 멋을 위한 것이 아닌 사무라이의 신분적인 특징과 관련된 또 다른 산물이다. 사무라이와 주군과의 관계가 맹종적인 복종관계였던 만큼 주군에게 올바른 직언을 할 수 없었다. "자신의 말 한마디로 자신의 목숨은 물론이고, 자식들이 기녀로 팔려가고 노예가 되어버리는 것"처럼 자신의 말은 무게가 상당했기에 자신의 속마음을 드러내지 않고 말을 조심하는 것을 미덕으로 삼기도 하였다.110)

다음으로는 서양의 신사도(紳士道, gentlemanship)를 생각해볼 수 있다.

'신사도'의 어원을 먼저 살펴보면 '신사(紳士)'는 중국의 명나라, 청나라 시대의 재향명사인 '향신(鄕紳)'과 선비를 뜻하는 '사인(士人)'의 합성어라고 한다. 또한 신(紳)은 고관대작의 관복에 착용하는 넓은 허리띠를 뜻한다. 과거를 통해서 관직에 진출하는 귀족계급을 신사라고 불렀고 신사계급이 지켜야 할 도리를 신사도(紳士道)라고 했다. 따라서 중국과 일본에서의 신사는 지위가 높은 지배계층의 인물이다.

이와는 다르게 영국의 젠틀맨(Gentleman)은 원래 귀족 계층 중에서 가장 낮은 계급을 뜻했다. Gentleman의 바로 위는 Esquire 계급, 바로 밑은 Yeoman 계층이다. 오늘날 젠틀맨은 일반적으로 남성을 지칭하는 말로 사용된다.

이번에는 '젠틀맨쉽(Gentlemanship)'을 말하는 '신사도'에 대해서

---

110) 같은 글.

살펴보고자 한다. 여기서 말하는 '신사도', '젠틀맨쉽(Gentlemanship)'은 'Gentleman'으로서의 신사 또는 젠틀맨을 상징하는 매너, 지켜야 할 도리 등을 말한다. 이러한 '신사도'는 '기사도'와 혼동될 수도 있는데 간단하게 구별하자면 '신사도'란 '신사로서 품위를 유지하기 위해 지켜야 할 도리'를 말하고, '기사도'란 '중세 유럽의 기사로서 지켜야 했던 도덕, 윤리, 예절, 명예, 인협, 충성 등의 덕을 이상으로 하는 것'을 말한다. 예를 들어 '기사도'란 '적을 뒤에서 공격하지 않는다.', '싸우기 전에 무기를 서로 공개한다.', '무기가 없는 적을 베지 않는다.', '포로를 함부로 죽이지 않는다.'는 것과 같은 전쟁에서의 매너라고 한다면 '신사도'란 '태도나 행동이 점잖고 예의가 바르며 교양 있는 행동이 있는 남자'인 '신사'들의 도리이자 매너로, '여자에게 함부로 행동하지 않는다.' '거리에서 소리를 지르지 않는다.', '점잖게 행동한다.' 등과 같은 생활 속의 매너라고 할 수 있다.

이러한 '기사도 정신'과 '신사도'는 현대 유럽인들에게도 영향을 미치고 있다. 개인의 신분과 명예를 중시하여 기품과 예절, 겉으로 드러나는 행동에 신경을 쓰고, 정신적인 이상을 숭상하고, 여자를 존중하는 낭만적인 기질을 동경하도록 했으며 공개적인 경쟁과 공평한 경쟁이라는 페어플레이 정신을 형성케 하였다.

한국과 중국, 일본과 유럽의 정신들을 살펴보면 공통적으로 다른 무엇보다 도리에 대한 것이 강조되어 있음이다. 사람답게, 기사답게, 무사답게, 학자답게 살아가고자 하는 마음이 이러한 정신들의 근간이 되었다고 볼 수 있다.

고리타분하고 시대에 동떨어져 보인다고 홀대하는 것이 아닌, 그 속의 중요한 가치를 발견하고 찾아내어 그 속의 지혜를 본받을 필요가 있다.

선비정신을 올곧고 바르며 정직하게 살아가는 휴머니즘, 인본주의적 문화적 혼종성이라고 이해한다면 보다 광범위하게 선비정신을 수용하는 태도가 될 것이다. 그렇다면, 서양의 기사도나 신사도로도 이해할 수 있을 것이고, 이렇게 되면 서양 문화 속의 엘리트주의와도 문화적 혼종성을 이야기할 수 있을 것이다.

8. 다도(茶道)와 문화적 혼종성

차를 마시는 문화만큼이나 서로 같은 듯 다른 문화도 없을 것이다. 그리고 모든 식문화가 그렇지만 서로 영향을 주고받은 문화 혼종성을 가장 잘 보여줄 수 있는 주제이다. 가장 기본적이고 늘상 이루어지는 것일수록 문화적 공통점과 차이점을 잘 드러내며 동시에 문화적 다양성을 볼 수 있게 한다. 그런 의미에서 한국의 차 문화로부터 출발하여 동양, 그리고 서양의 차 문화를 살펴보면서 문화적 혼종성을 확인해보고자 한다.

8.1. 한국의 차 문화

한국의 의식주 습관은 8.15광복과 민주국가 건설의 혼란, 남북의 사상적 대립과 6.25전쟁 등에 의해 큰 변화를 겪게 되었다. 대일감정이 좋지 않았던 당시에는 일제강점기에 맛보기로 시작했던 녹차가 일본차라는 느낌이 있었기 때문에 도시에서는 음료로서 크게 인기를 얻지 못하였다. 반면, 하동 인근이나 전라도 강진 부근 등과 같은 차생산지에서는 일상생활에서 건강을 위한 약의 개념으로 차를 마시는 곳이 있기도 했다. 이렇듯 찻잎으로 만든 음료를 마시는 문화는 도시보다는 지방에서부터 자연스럽게 생겨났을 가능성이 높다고 볼 수 있다. 그래서 한국의 다도문화의 출발은 서울보다는 영·호남이 앞서고 제다, 다도구의 개발, 다실에 있어서도 서울보다는 지방에서 먼저 관심을 보였다. 나아가 다도의 정신과 행다법(차를 행하는 법)에 대한 정리 작업도 영남에서 시작되었다.[111]

"우리나라의 차 문화는 '예(禮)'를 강조"한다. "'다례(茶禮)'는 한국 차 문화의 특징을 가장 잘 드러내는 단어다. 중국의 '다예(茶藝)'나 일본의 '다도(茶道)'와는 다른 개념"이다. '다례'는 "차를 대접할 때 갖춰야 할 예의범절"을 뜻하며, 획일화·규격화된 것이 아니라 "자연스럽고 간결한 것이 특징"이다. 다례는 "조상과 신에게 차를 올리는 종교적인 다례와 여염집의 손님맞이 다례, 왕실의 궁중다례 등"으로 세분화된다.[112]

"한국의 차 문화는 삼국시대부터 고려·조선 시대를 거치며 선비 중심으로 형성됐다. 조선 말 이후론 여성 중심의 규방 문화로 바뀌어"갔고, 일제강점기와 한국전쟁 등을 거치며 사라지다시피 했다. "1980년대에 이르러서야 상류층의 고급문화로 되살아난 차 문화는 점차 격식에 얽매이지 않고 편안하게 즐길 수 있는 생활 문화로 발전하고" 있다. 즐겨 마시는 차의 종류를 살펴보면, "찻잎을 덖어 발효를 중단시킨 녹차의 비율이 발효차인 홍차나 반(半)발효차인 우

---

111) 박순희(2012), 「현대 한국다도에 끼친 일본 차문화의 영향」, 부경대학교 박사논문, 제5장 한국의 다도정신 및 행다법과 일본의 차문화 참조.
112) Special Knowledge 〈493〉 세계 각국의 차 문화, 중앙일보 이지영 기자: 한국의 다도정신.

롱차보다 높다. 또 '한국 차는 맛, 중국차는 향, 일본차는 빛깔'이라는 말이 있을 정도로 한국 차는 깊은 맛이 특징"이다. 차를 마실 때 곁들여 먹는 "다식의 종류도 한·중·일 3국이 서로 다르다. 중국의 다식엔 견과류가 많고, 일본은 과자가 흔하다. 반면 우리나라의 찻자리에는 참깨·콩 등 곡식을 빻아 볶은 가루를 꿀이나 조청 등으로 반죽해 만든 다식이 주로 등장"한다.113)

8.1.1. 다례의 일곱 가지 규칙(茶禮七則)

다도정신존중이란 '차에 관한 법'을 가리키는 행다법(行茶法)에 있어 다구를 다루는 행위 하나하나에 옛 차인들의 차의 정신을 되뇌면서 행하라는 것이다. 전통존중이란 많은 다례법을 존중하라는 의미에서 만든 법이다. 예절존중은 모든 행다례는 예절로부터 시작하여 예절로 끝나는 다례라 할 정도로 예절을 존중하라는 법이다. 과학존중이란 현대과학을 존중하여 차의 효능을 발휘하라는 법으로 차의 분량, 차를 우리거나 타는 방법, 차를 우려내는 시간, 물의 온도 등 과학적으로 숙달되어야 한다는 법이다. 법도존중은 자연스럽게 해야 하며 질서를 갖추어야 하는 법을 존중하는 것을 말한다. 청결존중은 다도정신과도 관계있는 소중한 것이다. 제일 먼저 청결하게 해야 할 것은 자기 마음자리이며, 자기의 몸가짐 그리고 장소, 다구, 청수 등 그 분위기까지 청결하게 해야 함을 말한다. 마지막으로 조화미존중은 다례란 인간의 정신과 몸과 다도구가 하나가 되는 소중한 행위이므로 이를 존중해야 한다는 법이다. 그러므로 먼저

---

113) 같은 글.

다도를 행하는 차인의 마음과 몸이 조화를 이루어 하나가 되어야 한다. 뿐만 아니라 차, 물, 다구, 손님, 분위기까지 조화를 이룩하는 종합예술의 행위로 규정하고 있다.114)

한국다도는 우선 행다법(차를 행하는 법)을 위해서 기본적으로 갖추어야 할 차도구가 있다. 가마, 풍로, 상(주인상, 봉차자상, 손님상, 차쟁반), 다관, 다완, 다호, 뚜껑받침, 행주, 솥뚜껑 받침, 표주박, 물버림 사발, 차시, 물항아리, 차선 등이 있다. 이러한 도구를 이용하여 '七則'을 예절의 기본법으로 삼으면서 차를 행하게 된다.115)

차를 행하기 위해서는 찻상과 차쟁반은 반드시 갖추어져 있어야 한다. 한국다도에서는 찻상 없이 바닥에 직접 찻잔을 내려놓는 예법이 없다. 팽주(차를 우리는 사람)와 봉차자(팽주로부터 차를 받아 손님에게 날라주는 사람)의 소개가 이어진다. 차를 다리는 사람이 팽주이고 보통 집주인이다. 팽주의 찻상과 봉차자의 차쟁반, 손님의 찻상은 항상 찻자리에 준비되어 있게 된다. 즉, 찻상이 놓여 있는 곳이면 어디에서라도 차를 행할 수가 있다. 이렇듯 한국다도는 다구만 갖추어지면 자유롭게 차를 행할 수 있는 조건을 갖추고 있다.116)

차를 끓이기 전, 팽주는 손님을 위해 찻잔과 차선을 깨끗이 씻는데 차선을 씻는 행위를 차선통이라 하며, 차선통은 차선을 가볍게 세 번 두드리고 굴려서 찻사발의 중앙에 세운 후 차선을 사방으로 뉘어서 씻는 것을 말한다.117) 찻잔은 행주로 다시 깨끗이 닦아 물기를 제거한다. 봉차자는 팽주의 옆자리에 앉아 봉차할 준비를 하고

---

114) 박순희(2012).
115) 같은 글.
116) 같은 글.
117) 김옥희 외(2001), 「다례」, 『생활예절』, 양서원, 402쪽.

있으며 다 만든 차를 팽주가 직접 전하거나 손님이 와서 가져가는 예법은 없다. (단, 손님과 주인밖에 없을 때는 예외로 한다.) 반드시 봉차자가 차를 차쟁반에 받쳐 들고 가서 손님에게 찻잔을 전해준다. 그리고 서로 절을 나누고 차를 마시게 되는데 한국다도의 행다법 중 절에 대한 예법에서 큰절을 진례라 하고 평절을 행례, 작은 절을 초례라 하며 찻잔을 주고받을 대는 행례를 한다고 한다.118)

한국다도에서 다도가 진행되는 과정 속에 대화를 나누면 다도의 분위기가 깨어진다고 생각하기 때문에 다도가 끝날 때까지 팽주와 손님은 눈짓과 몸짓으로 서로의 마음을 전하게 된다. 그리고 다식은 차를 마시고 난 후에 먹는다. 뒷설거지는 손님의 앞에서 완벽하게 끝내어 처음의 차상모습으로 되돌려놓은 후 행다를 끝내게 된다.119)

다례교육이 '안정된 성격 형성과 친사회적인 원만한 인간관계를 증진시키는 효과를 누리고 있어'120) 전통문화인 차 문화가 품격 높은 정신을 고양시키는데 활용되고 그로인하여 문화사회형성에 보탬이 되고 있다. 이러한 일이 가능한 것은 우리나라의 다례교육이 예절교육과 병행되어 있기 때문이다. 다례교육에서는 '차를 대접하는 법, 차를 마시는 자리에서 상대방을 배려하는 마음가짐, 웃어른이나 친구에게 절하는 법' 등을 교육하기 때문에 자연스럽게 예절이 몸에 배어져 따로 예절교육을 받지 않더라도 문화시민의 갖추어야 할 소양이 쌓인다. 따라서 차 문화 교육은 근래에 들어와 우리나

---

118) 박순희(2012).

119) 같은 글.

120) 정영숙·김인숙(2001), 「다도교육 효과에 관한 연구」, 『부산여자대학교논문집』 제22집, 242쪽.

라의 교육기관에서 강조되고 있는 교육 중 하나로 꼽힌다.[121]

8.2. 일본의 차 문화

인간은 마른 목을 축인다는 생리적인 반응을 해결하기 위해 물을
마시기도 하지만 나아가 더욱 맛있고도 멋지게 즐길 수 있는 음료
를 추구하였다. 일본인들은 중국에서 유입된, 차라는 맛있는 음료
를 마시는 과정에 단지 그 맛을 음미하는 데 그치지 않고 여러 사람
이 모여 차를 달여 마시는 순서와 차를 접대하는 방식 다도구의 제
작 양식 등을 일정하게 정하고 각 단계에 의미를 부여하며 이를 즐
기고자 하였다. 이렇게 형성된 차 마시는 방식 전반을 통칭하여 자
노유(茶の湯) 혹은 다도(茶道)[122]라 한다. 즉, 다도는 이런 요소들을
익히며 세련되게 가꾸어가며 즐기는 일종의 정신적인 유희활동이
라 할 수 있다.

"일정한 예의범절에 따라 차를 음미하는 일본의 다도는 일본인의
생활에 녹아 있는 700년의 역사를 가진 일본의 전통문화"이다. 역
사적으로 대륙의 차가 일본으로 전래된 시기는 헤이안시대로 거슬
러 올라갈 수 있지만, 실제로 차가 유행한 것은 무로마치시대 후기
에 이르러 중국에서 선종(禪宗)을 배운 승려 영서(에이사이, 榮西)가
차의 종자와 함께, 차 도구, 예법을 일본에 가지고 돌아오면서부터
이다.[123]

---

121) 이경희(2008), 「한국 차문화 전승 연구」, 목포대학교 박사논문.
122) 다실을 꾸미고 다구를 준비하여 다실에서 차를 마시며 담소를 나누는 전체 과정을 총칭.
   (일본의 다도문화)
123) 일본의 다도문화(2009). http://m.blog.daum.net/minwithhui/13

처음에 귀중한 약(藥)으로 사용되어진 말차(抹茶)의 재배가 성공되어 널리 보급되게 되었고, 차의 예법 또한 일본인에 적합하게 정립되어졌다. 맛있는 것을 먹고, 값비싸고 귀한 차 도구 감상을 즐기는 다도(茶道)에 정신적으로 높은 의미를 부여한 사람이 바로 다도의 시조라 일컬어지는 무라타쥬코(村田珠光, 1423~1502)이다. 그는 차선일미(茶禪一味)의 경지를 주장하였고, 작은 다실 속에서의 마음의 수양을 중시한 다케노 죠오에 이르러 일기일회(一期一會: 차모임의 주인과 손님의 마음가짐으로, 주인은 손님에 대해 손님은 주인에 대해 일생에 한 번밖에 만날 수 없다는 생각으로 성의를 다하는 것)의 다도윤리가 생겨났다.124)

다케노 죠오에게 사사받고 오다 노부나가와 도요토미 히데요시의 다도를 관장하는 책임자가 된 센노리큐(千利休, 1522~1591)에 의해, 16세기 말 차의 정신과, 차의 형식(예법, 작법)이 완성되었다. 그는 도가 갖는 일상성과 구도성을 극한으로까지 추구하여 와비차(わび茶)의 다도를 대성시켰다. 그는 종래의 다실 크기를 절반으로 줄인 다실을 창출하고, 조선의 투박한 용기를 와비차에 어울리는 차 도구로 높이 평가하였다.125)

센노리큐가 죽은 후 그의 제자들이, 여러 가지 형태로 자신의 차(茶)를 확립하여 대대로 전해 왔다. 센노리큐의 손자, 센소탄(千宗旦)의 아들들이 오모테센케(表千家), 우라센케(裏千家), 무샤코지센케(武者小路千家)의 삼센케로 갈라져서, 오늘에 이르기까지 다도의 주류로써, 센리큐의 전통을 지키고 있다. 물론, 시대의 흐름에 따라 차의

---

124) 같은 글.
125) 같은 글.

형식(예법, 작법)은 변한 것이 있지만, 그 정신은 변하지 않은 채, 센리큐가 사라진 후 400여 년을 맞이하고 있다.[126]

일본의 경우는 일반적으로 알고 있듯이 일본다도는 말차의 차겨루기에서 출발하여 발전했다. 16세기에 접어들어 완성하게 되었다. 그리고 에도시대 후기가 되어 전차의 차 겨루기가 중국으로부터 전래되면서 크게 성행했다. 이 차겨루기가 현재의 일본다도의 모습으로 갖추어지기까지는 오랜 시간이 걸리게 된다. 일본의 다도는 센노리큐의 증손자대에 들어 우라센케, 오모테센케, 무샤노코지센케의 삼센케로 유파가 나뉘게 된다. 이외에도 센노리큐의 제자들이 만든 유파들도 그 전통의 맥을 이어 오늘에 이르고 있다.

매일 손님이 찾아오면 차를 권하고 함께 차를 마시는 그러한 생활 속에 부처의 가르침이 있는 것, 즉 차선일미(茶禪一味)를 추구하였다. 이를 위하여 차인들이 차를 행하는 마음속에 새겨두어야 할 덕목인 사규(四規)와 규칙인 칠칙(七則)을 언급하면서 차의 정신을 4가지 덕목으로 집약하고 있다.[127]

8.2.1. 일본 다도의 의미

다도란 다실을 꾸미고 다도구를 준비하여 다실에서 차를 마시고 이야기를 나누며 즐기는 전체 과정의 양식을 통틀어 다도라 한다. 다도는 차노유라고도 하며 다실과 다도구 등의 물질적인 요소 차를 마시는 방법에 관한 행위적인 요소, 다도에 관련된 미의식이라는

---

126) 같은 글.
127) 같은 글.

정신적인 요소 등으로 구성되어 있다. 즉, 다도는 이런 요소들을 익히고 세련되게 가꾸어 가며 즐기는 일종의 정신적인 유희활동이라 할 수 있다. 일본의 다도에서는 정신세계를 중시한다. 천하제일의 종장의 명성을 얻은 센노리큐는 다도인이 갖추어야 할 기본정신으로, 주인과 손님 모두가 대등하고 서로 존경하고 깨끗한 마음으로 정숙한 가운데 예의를 지켜 행해야 한다는 것을 강조하였다.128)

일본의 증제차는 시기에 따라 세부적으로 종류가 나뉜다. 번차는 새싹이 자라 단단해진 잎이나 줄기 등으로 만든 일종의 하급전차다. 전차는 일본에서 유통되는 차 물량 중에 85퍼센트를 차지하는 잎녹차다. 굉장히 대중적인 차이며 찻잎을 쪄서 찻물에 우려내어 먹기 때문에 맑고 연한 노란빛 혹은 연두빛을 띈다. 호우지차는 번차를 불로 떼서 만든 차이다. 자극물질이 적고 맛이 시원하며 노약자들에게 권하기 좋다. 물 대신으로 마실 수 있는 부담 없는 차로 특히 초밥을 먹을 때 이 차를 마신다. 하급 전차를 강한 불로 덖어 만든 차로 구수한 맛과 향이 특징이다. 옥로차는 그늘에서 충분한 영양과 비료를 공급 후 재배하여 만든 고급녹차이다. 값이 비싸며 향이 강하기 때문에 적은 양을 마신다. 일본의 토산품으로 유명하며 일본의 온천지역에서 각 고장의 차를 판매한다.129)

일본 다도의 정신 '이치고 이치에(一期一會)'
일기일회란 만남은 "일생에서 단 한번밖에 존재하지 않는 시간과 공간 속에서 이루어지는 것이므로 만남의 의미를 소중히 여기며 한

자리에 모인 사람들의 마음을 서로 이해하며 존중해야 한다는
것"130)이다.

일본 다도의 칠칙(七則)131)

제1칙 '차는 마시기 좋게'는 가장 맛있는 차를 모든 정성을 다해
서 준비하고 주인과 손님의 마음이 진정으로 통할 수 있도록 하는
것이 가장 중요하다는 의미를 갖고 있다.

제2칙 '숯은 물이 끓도록 준비해둔다'는 단순히 숯에 관한 지식이
라든가 차를 만드는 모습이나 행동 전체를 말하는 행다법 기술의
우열을 말하는 것이 아니라 모든 준비에 손님에 대한 진정어린 마
음을 담고 있어야 함을 말한다.

제3칙 '꽃은 들에 피어 있는 것처럼'이란 말은 들에 피어 있는 꽃
을 그대로 가져와서 꽃병에 꽂는다는 의미가 아니라 자연에서 자란
꽃을 아름답고 고귀하게 여긴다는 것이다. 자연이 가진 개성의 아
름다움, 그 생명의 고귀함을 한 송이의 꽃으로 표현하는 것에 진정
한 의미가 있다고 보는 것이다.

제4칙 '여름은 시원하게 겨울은 따뜻하게'라는 것은 외부적인 기
구를 통하여 시원하게 한다는 의미도 있겠지만 그것보다는 더위나
추위를 이겨낼 수 있는 강인함, 자연에 대항하는 것이 아니라 자연
의 일부가 되어 그것을 즐기는 강인함을 기르는 것을 의미한다.

제5칙 '시간은 조금 이른 듯이'라는 의미는 약속시간이나 정해진
시간은 반드시 지켜야 한다.

---

130) 일본의 다도문화(2009).
131) 박순희(2012).

그러기 위해서는 만일의 사태를 감안하여 모든 준비와 행동함에 민첩하지만 여유 있게 한다면 어려운 상황에 닥치지 않는다는 것을 의미한다.

제6칙 '비가 내리지 않더라도 우산 준비해 둔다'는 비가 많이 내리는 일본이기 때문에 언제 비가 내릴지 알 수 없으므로 항상 준비해 두어 만일의 사태를 대비해야 한다는 것이다.

제7칙 '손님들도 서로의 마음을 살핀다'는 것은 사회적인 귀천, 빈부에 대하여서는 모두 평등한 것이며 손님은 서로를 배려해야 하는 것이 화(和), 경(敬)에 통하는 것이다.

8.2.2. 일본의 다회

주인이 다실에 손님을 모셔서 함께 차를 마시며 이야기하는 것을 다회(茶會) 혹은 다사(茶事)라 칭한다. 다실, 곧 차를 마시는 방과 다도구들이 갖추어져 있고 좋은 이야깃거리가 있다면, 언제라도 스승이나 제자 또는 벗을 초대하여 다회를 열었다. 다회는 여는 때와 목적에 따라 다음의 일곱 가지 경우로 나뉜다.

▷ 첫째, 가장 일반적인 것은 '낮 다회'로, 정오에 모여 간단하게 식사를 곁들여 차를 마신다.
▷ 둘째, 밤에 모여 이야기를 나누는 '밤 다회'는 주로 겨울밤에 여는데 이때는 긴 겨울의 정취를 이야깃거리로 삼는다.
▷ 셋째, 아침에 여는 '아침 다회'는 주로 여름날 아침에만 열며, 이른 아침에 느끼는 청량감을 맛보기 위하여 다실에 여름 꽃으로 꽃꽂이 장식을 하여 두고 여름 아침의 분위기를 이야깃거리로 삼는다.

▷ 넷째, '새벽 다회'는 새벽 네 시쯤부터 동이 트는 풍경을 보면서, 동이 트는 동안의 맑고 신선한 정취를 이야깃거리로 삼는다. 손님들과 시간을 미리 약속해 둔다.

▷ 다섯째, 다실에 신분이 높은 귀한 손님이 다녀간 바로 뒤에, 손님보다 격이 낮아서 함께 차를 마실 수 없었던 사람들이 그 귀한 손님의 체취를 느끼기 위하여 그 자리에서 차를 마시는 경우가 있다. 비록 함께 차를 마시지는 못했으나, 그 손님이 다녀간 바로 그 자리에 앉아서 그 손님이 쓰던 다도구로 차를 마시면 그이의 정취를 느껴보기 위해서 여는 다회를 '자취 다회'라 한다. 귀한 손님의 자취를 음미하며 감상에 젖어 보는 데 의미가 있다.

▷ 여섯째, 미리 알리지 않고 불숙 찾아 온 손님을 위하여 여는 다회를 '불시 다회'라고 한다. 이 경우에는 일일이 절차를 갖추지 못하며 손님도 이를 탓하지 않는다. 격식이 이미 어그러졌으므로 파격적인 분위기를 즐기는 다회가 된다.

▷ 일곱째, 그 해에 새로 딴 찻잎을 차 단지에 넣어 봉해 두었다가 십일월에 손님을 모신 자리에서 개봉하고, 그 자리에서 찻잎을 작은 맷돌에 갈아 차를 대접하는 다회를 '개봉다회'라 한다. 손님이 보는 앞에서 개봉하고 그 자리에서 차를 가는 일은 그 손님에게 소중한 것을 접대한다는 정성의 표시가 된다.[132]

8.2.3. 한·일 다도의 공통점과 차이점

한·일 다도의 공통점과 차이점은 크게 다도정신과 행다법으로 나

---

132) 일본의 다도문화(2009).

눌 수 있다.

먼저 공통점은 다도정신이 같고 인사에 사용하는 용어가 같으며 찻잔을 닦는 것이 같다. 용어는 다르지만 도구로서 화로, 솥, 뚜껑받침, 물항아리, 물바가지, 찻잔, 차시, 차선, 물버림 사발, 행주 등이 공통적으로 나타난다. 차이점은 다도정신에서 사용되는 용어 칠칙(七則)은 같으나 내용적인 측면은 완전히 다르며 행나법에서 자를 다리는 모습, 차를 마시는 모습, 다식을 먹는 방법, 그리고 일본에는 있으나 한국에는 없는 다구의 감상이나 주인과 손님의 대화 부분, 다구 등의 차이가 있다.

8.3. 중국의 차 문화

중국에서 차는 생활 음료다. 특히 한국에서는 더운 여름이면 얼음을 넣은 시원한 물을 선호하는 데 비하여 중국에서는 더운 여름에도 차가운 물을 마시지 않고 따뜻한 차를 마신다. 각자 차를 우려낼 병을 가지고 다니며 끓는 물을 수시로 부어 차를 마시는 풍경은 중국에서 흔히 볼 수 있는 것이다. 중국 어디를 가도 찻물용 뜨거운 물을 구하기 쉽다. 중국의 수질이 좋지 않아 물만 마시기 힘든 상황이 차 문화를 확산시킨 주요 원인으로 꼽힌다. 또 기름기 많은 중국 음식을 먹고 난 뒤, 차를 마시면 기름기 제거에 도움이 된다는 점도 차의 입지를 더욱 탄탄하게 했다.[133]

---

133) 이지영(2007).

8.3.1. 중국의 차 역사

중국인은 4,000여 년 전부터 차를 마시기 시작했다. 차는 중국인의 일상생활에 없어서는 안 될 음료이다. 옛날부터 생활을 영위하는 일곱 개의 기본물건으로 '땔나무, 쌀, 기름, 소금, 간장, 식초, 차'를 꼽았다. 여기서 차를 마시는 중요성을 알 수 있다. 차로 손님을 대접하는 것은 중국인의 습관이다. 손님이 집에 들어서면 주인은 즉시 향기로운 차 한 잔을 갖다 주는데 차를 마시면서 이야기를 나누면 기분이 상쾌해진다.

차 마시는 습관은 중국에서 유구한 역사를 자랑한다. 기원전 280년 중국 남방에 오국(吳國)이라는 작은 나라가 있었는데 국왕은 연회에 대신들을 초대할 때 술로 대신들을 취하게 하길 즐겼다고 한다. 그 중 위소(韋昭)라고 하는 대신은 주량이 너무 작아서 국왕은 차로 술을 대신하게 하였다. 이때부터 문인들은 차로 손님을 접대했다고 한다.

당나라 때에 이르러 차 마시는 것은 사람들의 일종 습관으로 되였다. 이런 습관은 불교와 관련된다고 한다. 약 기원 713년부터 741년까지 당시 사찰의 승려와 신도들이 좌선할 때 졸거나 음식을 먹고 싶어 할 때면 사찰에서는 승려와 신도들에게 차를 마시게 해 그들의 뇌신경을 흥분시켰다. 이때부터 이 방법이 각 지역에 퍼졌다고 한다. 이와 함께 당나라시기 부잣집에는 전문 차를 끓이고 차를 맛보며 독서하는 방이 있었는데 이것을 차실(茶室)이라고 했다.

기원 780년 당조의 찻잎 전문가 육우(陸羽)는 차를 심고 차를 제작하며 차를 마시는 경험을 종합적으로 정리하여 중국의 첫 『차경(茶經)』이라는 책을 써냈다.

송(宋)나라 황제 휘종(徽宗)은 차 연회를 차려 대신들을 접대했는데 휘종이 직접 차를 끓이기도 했다. 청나라 황실에서는 연회에서 차를 사용했을 뿐만 아니라 차로 외국 사절들을 접대하기도 했다. 지금 해마다 양력설이나 음력설 등 중대한 명절이 되면 일부 기관 단체들에서는 흔히 다과회를 가진다.[134]

중국의 차는 종류도 다양하고, 지역에 따라 차를 대접하고 마시는 풍속도 제각각이다. 중국의 차 문화는 생활 깊숙이 파고들어 있어 별도의 특별한 예의를 따지지는 않지만 상대방의 잔에 차가 빌 경우엔 계속 따라줘야 한다. 중국 차 문화의 특징으로 꼽히는 '다예(茶藝)'는 손님에게 차를 낼 때 서커스 묘기처럼 기예를 부려 보여주는 경우가 많아 생긴 말이다.[135]

차도 사람마다 마시는 습관이 있는데 찻잎 종류만 놓고 보더라도 취미에 따라 즐기는 차도 다르다. 베이징인들은 화차(花茶), 상해인들은 녹차(綠茶)를 즐긴다. 그런가 하면 중국 동남부는 홍차(紅茶)를 즐겨 마신다. 일부 지방에서는 차를 마실 때 찻잔에 일부 양념을 넣는다. 남방의 호남 일부 지역에서는 강염차(姜鹽茶)로 손님을 접대하는데 찻잎뿐 아니라 소금, 생강, 닦은 콩과 참깨 등을 넣어 차를 마실 때 흔들면서 마시며 나중에는 콩과 참깨, 생강과 찻잎을 함께 입안에 넣고 천천히 씹으면서 향기를 음미하기 때문에 적잖은 곳에서는 차를 마시는 것을 "차를 먹는다"고 한다. 차를 물에 담그는 방법도 각지마다 자기의 습관이 있다. 중국의 동부일대에서는 큰 주전자에 담근 차를 즐기는데 손님이 오면 찻잎을 주전자에 넣고

---

134) 길림신문. 김청수. 중앙인민방송.
   http://www.jlcxwb.com.cn/sports/content/2014-03/31/content_132931.htm
135) 이지영(2007).

거기에 더운 물을 부으며 찻잎이 우러나면 다시 찻잔에 부어 손님에게 대접한다.[136]

8.4. 영국의 차 문화

중국의 차가 유럽으로 전해진 시기는 1560년경이다. 영국은 포르투갈·네덜란드·프랑스 등 다른 유럽 국가들보다 늦은 시기인 1630년대에 이르러서야 처음으로 차를 접했다. 영국 차 문화의 원조로는 포르투갈의 공주 캐서린이 꼽힌다. 1662년 캐서린 공주가 영국의 찰스 2세와 결혼한 뒤, 차를 기호음료로 마시는 습관을 궁중에 퍼뜨렸다. 또 캐서린 공주는 결혼 지참금으로 인도 뭄바이 땅을 가져왔는데, 1839년 이곳에서 영국제 아쌈 홍차를 생산하게 된다. 아쌈차는 값비싼 중국산 수입차를 대신하게 됐고, '빅토리아 티'라 불리며 영국의 범국민적인 음료로 자리 잡았다.[137]

영국은 산업혁명 이전부터 음주가 일상화되어 있었다. 그 이유는 술은 열량을 낼 수 있고, 안전하게 보관될 수 있었기 때문이었다. 하지만 이는 결국 심각한 사회문제를 일으키게 되고 금주운동이 시작되면서 술 대신 차를 마시게 되었다. 또한 차는 음습하고 안개가 자주 끼는 영국의 날씨에서 추위와 배고픔에 시달리는 노동자들에게 따뜻하고 든든하게 배를 채워주는 고마운 존재였다. 19세기 초엔 차가 사치품이 아닌 일상품으로 차가 실생활에 스며들어 갔으며, 티 클리퍼[138]의 시대가 도래되어 티 레이스[139]가 영국민 전체

---

136) 김청수, 앞의 글.
137) 이지영(2007).
138) 티 클리퍼란 차를 운반하는 배를 의미한다.

의 행사가 되기도 한다.140)

영국 사람들은 하루에도 여러 차례 차를 마신다. 오전 6시 일어나
자마자 침대에서 마시는 '얼리모닝 티', 토스트·달걀·베이컨 등 간
단한 아침식사와 함께 마시는 '브랙퍼스트 티', 오전 11시쯤 휴식을
취하면서 즐기는 '일레븐스 티', 점심 식사에 곁들이는 '런치 티',
오후 4~5시쯤 스콘·케이크·과자 등과 함께 즐기는 '애프터눈 티',
저녁식사 후 마시는 '애프터디너 티', 잠들기 전 우유와 함께 마시는
'나이트 티' 등 명칭도 다양하다. 특히 1840년 베드포드 공작부인이
처음 시작한 것으로 알려진 '애프터눈 티'는 이제 세계 어디서나 볼
수 있는 차 문화의 대명사가 됐다.141)

8.5. 러시아의 차 문화

화려한 귀족 문화의 일부였던 러시아의 차 문화는 19세기 들어
대중화되기 시작해 오늘날 러시아 사람들이 보드카보다 더 많이 마
시는 음료로 자리 잡았다. 러시아 차 문화의 상징은 '스스로 끓인다'
는 말에서 유래한 '사모바르(Samovar)'다. 사모바르는 작은 난로 위
에 찻주전자가 올라가 있는 형태다. 난로 부분 가운데 숯이나 나무
토막·솔방울 등의 땔감을 이용해 불을 피우는 곳이 있으며, 그 주위
를 물로 채울 수 있게 되어 있다. 우리나라의 신선로를 생각하면
그 구조를 쉽게 짐작할 수 있다. 끓인 물을 빼낼 꼭지가 밖으로 나

139) 티 레이스란 햇차를 누가 먼저 가져오는지에 대해 회사 간 경쟁을 하는 것을 말한다.
140) 한 눈에 보는 영국의 차 문화와 역사 정리(2013).
　　http://blog.daum.net/bohurja/3882.
141) 이지영(2007).

있는데, 그 꼭지를 통해 찻주전자에 물을 붓고 차를 우려낸다. 또 남아 있는 차를 찻주전자째 난로 부분 위에 올려놓아 다시 데울 수도 있다. 춥고 건조한 러시아에서 사모바르는 난방기구와 가습기의 기능도 했다. 이제 전기나 가스로 편하게 물을 끓일 수 있게 되면서 러시아에서 사모바르로 차를 만드는 사람은 드물다. 하지만 집집마다 물려받은 사모바르가 많이 남아 있고, 여러 디자인의 사모바르들이 관광기념품점의 대표적인 상품으로 팔리고 있다. 전통적인 러시아식 차는 진한홍차에 레몬을 넣거나, 벌꿀이나 잼을 넣어 달게 만든다. 또 차에 럼주나 보드카를 넣어 마시기도 한다.[142]

8.6. 터키의 차 문화

터키의 차 문화는 국책산업으로 육성된 차 산업에 힘입어 크게 각광을 받았다. 터키는 원래 커피로 유명했지만 지금은 커피보다 홍차를 많이 마시는 나라다. 1923년 터키공화국 수립 이후 정부가 앞장서 차 산업을 육성했기 때문이다. 커피를 생산하는 예멘 지역에 대한 실권을 잃은 뒤 비싼 값으로 커피를 수입해야 하는 데 따른 부담을 줄이기 위해 차 재배에 나선 것이다. 터키는 1938년 동북부 흑해 연안 '리제' 지역에서 처음으로 차 재배에 성공했고, 73년 국영기업 '차이큐르'가 들어선 뒤론 차 수출국으로 성장했다. 터키식 차인 '차이'는 일단 차를 졸이듯이 진하게 끓여낸 다음 뜨거운 물을 부어 희석시켜 마시는 게 특징이다. 차에 우유는 넣지 않고 설탕만

---

142) 김미숙(2006), 「한국과 서양의 차문화 및 차음식에 관한 연구」, 원광대학교 석사논문; 베아트리스 호헤네거, 조미라·김라현(2012), 『차의 세계사』, 열린세상.

넣는다. 터키 사람들이 즐겨 마시는 차이 중 하나인 '엘마 차이'는 얇게 저민 사과를 넣어 진하게 끓여내 만든다. 사과의 향과 맛이 가득하고 달콤하다.

터키 사람들은 보통 하루 3~5차례 차를 마시며, 한 번 마실 때 서너 잔씩 마신다. 찻잔에 차가 다 없어지기 전에 다시 채워놓는 것이 터키의 차 문화여서 차를 더 이상 원하지 않을 경우에는 차 스푼을 반대로 눕혀 찻잔 위에 올려놓아야 한다.[143]

8.7. 모로코의 차 문화

북아프리카 사막지대에 위치한 모로코는 세계에서 녹차를 가장 많이 마시는 나라다. 18세기 영국을 통해 모로코에 처음 소개된 차는 무덥고 몹시 건조한 기후 조건과 쇠고기·양고기를 주식으로 하는 식생활, 술을 금하는 이슬람 문화 등의 영향으로 소비가 급격히 늘어났다. 홍차보다 녹차를 많이 마시며, 1인당 연간 녹차 소비량은 1kg에 달한다. 모로코 사람들이 가장 즐겨 마시는 차는 녹차에 설탕과 박하 잎을 넣은 '박하차'다. '박하차'는 카페나 식당·가정 등 모로코 어디를 가도 마실 수 있는 모로코의 '국민음료'다. 박하차를 마실 때는 석 잔을 마셔야 한다는 전통도 있다. 첫 번째 잔은 인생을, 두 번째 잔은 사랑을, 세 번째 잔은 죽음을 의미한다고 한다. 모로코식 박하차 끓이는 방법은 이렇다. 우선 찻주전자 안에 녹차를 넣고 뜨거운 물을 부어 차를 우려낸다. 여기에 박하 잎과 설탕을 넣어 3분 정도 지난 뒤, 차를 잔에 따라내고 다시 주전자에 넣기를 두 번 반복

---

143) 김미숙(2006).

한다. 이는 차와 설탕이 잘 섞이게 하기 위해서다. 일반적으로 설탕을 듬뿍 넣어 아주 달게 마시며, 손잡이가 없는 투명한 유리잔에 따라 마신다. 차를 따를 때는 주전자를 높게 올려 따른다.144)

8.8. 미국의 차 문화

대부분의 나라에서 차를 뜨겁게 마시지만 미국에선 차가운 차를 더 많이 마신다. 미국에서 소비되는 차의 80% 정도가 아이스티라고 한다. 아이스티는 미국에서 처음 마시기 시작했다. 1904년 세인트 루이스 세계무역박람회에 리차드 블레친든(Richard Blechynden)이라는 차 상인이 인도산 홍차를 대량으로 준비했다 날씨가 너무 더워 뜨거운 차를 마시려는 사람이 하나도 없자 얼음을 넣어 내놓은 것이 원조 아이스티이다. 미국에서는 뜨거운 차를 만들 때도 아이스티를 만들 때처럼 설탕과 레몬을 많이 넣는다. 우유는 넣지 않는다. 차의 대중화에 기여한 티백도 미국에서 발명됐다. 1908년 차 상인 톰 설리번이 홍보용으로 호텔에 차 샘플을 보내면서 비단주머니에 포장한 것이 시초였다. 샘플을 받은 호텔에서 차를 우려낼 때 주머니째 사용했다고 한다. 귀찮게 차를 덜어서 넣을 필요가 없고, 찻주전자를 씻는 것도 간단했기 때문이다. 이 비단 주머니의 소재가 점차 거즈나 면으로 바뀌었고, 1950년께에 이르러선 종이 티백이 개발됐다.145)

---

144) 김미숙(2006).
145) 이지영(2007).

8.9. 차 문화의 문화적 혼종성의 세계화

세계에는 다양한 차 문화가 있다. 다양한 차 문화의 시작은 중국이다. 모든 나라의 차의 출발은 중국으로부터 영향을 받아서였지만 점차 자신들만의 문화로 인식하고 발전되었음을 알 수 있었다. 비슷하면서도 다른 차 문화를 하나씩 알아보고 맛의 차이를 느끼는 것도 새로운 재미를 가져 올 것이다. 차 문화 속에서 문화적 혼종성을 찾는 것조차 어떻게 생각하면 이제 너무 구태의연한 것이 되어 버렸을 정도로 이미 차 문화는 세계적인 것이 되어 있었다. 차는 더 이상 중국만의 차 문화가 아닌 것이다.

참고문헌 및 참고자료

1. 도서 및 논문

- 가탁초(2015), 「중국 여성의 한국 드라마 수용에 관한 연구」, 한양대학교 석사논문.
- 강경숙(1989), 『한국도자사』(한국문화예술대계 3), 일지사.
- 국학자료원(2006), 『문학피병용어사전』, 한국문학평론가협회.
- 김경한(2004), 「한·중·일 도자 비교 분석에 관한 연구」, 『디자인연구』 15, 상명 대학교 디자인연구소, 1~14쪽.
- 김광언(2004), 『동아시아의 놀이』, 민속원.
- 김기수·강사준(1979), 『해금정악』, 은하출판사.
- 김기수·최충웅(1988), 『가야금정악』, 은하출판사.
- 김미숙(2006), 「한국과 서양의 차문화 및 차음식에 관한 연구」, 원광대학교 석사 논문.
- 김종대(2000), 『저기 도깨비가 간다』, 다른세상.
- 김태곤(1991), 『한국의 무속』, 대원사.
- 다카하라 나루미, 신은진 역(2000), 『소환사』, 들녘.
- 담홍월(2016), 「중국 내 한류문화의 수용에 관한 연구: 한국 영화와 드라마를 중심 으로」, 한양대학교 석사논문.
- 마완 크레디(Marwan Kraidy, 2005), 『혼종성(Hybridity: the cultural logic of

globalization)」.

- 박순희(2012), 「현대 한국다도에 끼친 일본 차문화의 영향」, 부경대학교 박사논문.
- 박종오(2015), 「서남해 해녀의 어로방식 변화 고찰(A Study on Changes in Fishing Method of 'Haenye' in the Southwestern Sea of Korea)」, 『도서문화(Journal of the Island Culture)』 46, 119~146쪽.
- 백운곡(2006), 『태극기 그 원리와 비밀』, 생각하는백성, 88~157쪽.
- 서울대학교병원 급식영양과, 『발효식품과 영양: 발효의 과학, 김치. 제대로 알고 드세요』
- 손흥철(2017), 「주돈이(周敦頤)의 '태극(太極)'과 리기개념(理氣槪念)의 관계분석(關係分析)」, 『퇴계학논집』 29, 퇴계학연구원.
- 송혜진(2001), 『한국악기』, 열화당.
- 「숨비소리: 제주 해녀 관광기념품 디자인 콘셉트 개발」, 한구관광레저학회 학술발표대회, 2017.06, 88~99쪽.
- 온이퍼브 편집부(2017), 『우리나라 태극기의 역사와 유래』, 온이퍼브, 40~45쪽.
- 유세경(2013), 『글로벌 커뮤니케이션』, 커뮤니케이션북스.
- 윤용이(1997), 『아름다운 우리 도자기』(학고재신서 6), 학고재.
- 이경희(2008), 「한국 차문화 전승 연구」, 목포대학교 박사논문.
- 이병욱(2013), 『정신분석으로 본 한국인과 한국문화: 우리 문화, 우리 자화상을 있는 그대로 보기』, 소울메이트.
- 이성훈 엮음(2014), 『해녀연구총서 1: 문학』, 학고방.
- 이은주(2014), 「한류 흐름 속의 한국 전통 미술 역할에 대한 탐색적 연구」, 중앙대학교 석사논문.
- 임재해 외(2007), 『고대에도 한류가 있었다』, 지식산업사.
- 장국강(2011), 『한국과 중국의 무속신 비교 연구』, 박문사.
- 정영숙·김인숙(2001). 「다도교육 효과에 관한 연구」, 『부산여자대학교 논문집』

제22집.

• 조삼래·박용순(2008), 『하늘의 제왕 맹금(猛禽)과 매사냥』, 공주대학교 출판부.

• 좌혜경(2002), 「일본 쓰가지마[관도]의 '아마'와 제주 해녀의 비교 민속학적 고찰」,
『한국민속학』 36, 한국민속학회, 229~270쪽.

• 지그문트 프로이드, 김현조 역(1993), 『토템과 금기』, 경진사.

• 피터 버크(2005), 『문화 혼종성』, 이음출판사.

• 호헤네거, 베아트리스(2012), 『차의 세계사』(열린세상).

• 황종례(1994), 『세계도자사』, 한국색체문화사.

2. 인터넷 자료

• [네이버 지식백과] 도자기[薩摩燒](한국민족문화대백과, 한국학중앙연구원)

• [두산백과] 도자기

• 『인도 김보고현장』 김치인 아차르와 한국의 김치를 비교해 보다,
https://blog.naver.com/aflo2017/221056839522

• 2016년 12월 1일 프레시안=제주의소리 교류 기사.

• http://biz.chosun.com/site/data/html_dir/2016/08/12/2016081202639.html

• http://blog.daum.net/joiltech/968(해녀 고령화)

• http://blog.daum.net/younhg/13025(해녀 역사)

• http://www.culturecontent.com/content/contentView.do?search_div=
CP_THE&search_div_id=CP_THE001&cp_code=cp0420&04200087&con
tent_id=cp42000870001&search_left_menu=(과거해녀복)

• http://www.kado.net/?mod=news&act=articleView&idxno=879483(아마)

• http://www.kbs.co.kr/1tv/sisa/timecapsule/view/vod/2535549_130232.html
(하늘과 땅의 동행, 매사냥)

- https://namu.wiki/w/%ED%95%B4%EB%85%80(나무위키: 해녀의 정의)

- https://www.youtube.com/watch?v=f4oR-eSJifM

- 갓파

  http://terms.naver.com/entry.nhn?docId=1629671&cid=41882&cate
  goryId=41882

- 고블린

  http://terms.naver.com/entry.nhn?docId=1629700&cid=41882&cate
  goryId=41882

- 고블린

  http://terms.naver.com/entry.nhn?docId=1642078&cid=41788&cate
  goryId=41797

- 고블린

  http://terms.naver.com/entry.nhn?docId=970219&cid=41788&categ
  oryId=41796

- 구글, 음양 우리나라

  http://munchon.tistory.com/1031 (2017.12.11 검색)

- 그렘린

  http://terms.naver.com/entry.nhn?docId=1629743&cid=41882&cate
  goryId=41882

- 나무위키, 도교

  https://namu.wiki/w/%EB%8F%84%EA%B5%90 (2017.12.10 검색)

- 나무위키, 신토

  https://namu.wiki/w/%EC%8B%A0%ED%86%A0 (2017.12.10 검색)

- 네이버 지식백과, 낫신앙

  http://terms.naver.com/entry.nhn?docId=1278912&cid=40942&categor

yld=31604 (2017.12.10 검색)

· 네이버 지식백과, 토테미즘

http://terms.naver.com/entry.nhn?docId=1153199&cid=40942&categor
yld=31536 (2017.12.17 검색)

· 네이버, 네팔 샤머니즘

http://blog.naver.com/aso615/220291804241 (2017.12.10 검색)

· 네이버, 동양의 물질관 음양오행설

http://terms.naver.com/entry.nhn?docId=1393465&cid=47337&categor
yld=47337 (2017.12.10 검색)

· 네이버, 오행

http://terms.naver.com/entry.nhn?docId=462687&cid=41893&category
Id=41902 (2017.12.10 검색)

· 네이버, 음양오행설

http://terms.naver.com/entry.nhn?docId=795362&cid=46650&category
Id=46650 (2017.12.10 검색)

· 네이버, 태극

http://terms.naver.com/entry.nhn?docId=2114323&cid=50765&categor
yld=50778 (2017.12.10 검색)

· 네이버, 태극

http://terms.naver.com/entry.nhn?docId=530477&cid=46649&category
Id=46649 (2017.12.10 검색)

· 네이버, 태극의 성립과 태극기

http://smilefamily.net/220335170575%20 (2017.12.11 검색)

· 노커

http://terms.naver.com/entry.nhn?docId=1629790&cid=41882&cate

goryId=41882

· 니스

http://terms.naver.com/entry.nhn?docId=1629807&cid=41882&cate

goryId=41882

· 다이텐구

http://terms.naver.com/cntry.nhn?docId=1629820&cid=41882&cate

goryId=41882

· 도자 전문 자료실 https://www.kocef.org/05data/05.asp

· 레드 캡

http://terms.naver.com/entry.nhn?docId=1629881&cid=41882&cate

goryId=41882

· 미소의 역사. http://miso.or.jp/knowledge/history

· 미소의 역사와 일본인

http://www.marukome.co.jp/marukome_omiso/history/index.html

· 보가트 사진

http://terms.naver.com/entry.nhn?docId=1630017&cid=41882&

categoryId=41882

· 보기 사진

http://terms.naver.com/entry.nhn?docId=1630018&cid=41882&cate

goryId=41882

· 브라우니 사진

http://terms.naver.com/entry.nhn?docId=1630036&cid=41882&

categoryId=41882

· 서경덕과 함께하는 대국민 '아리랑 광고 프로젝트'(작성자 김감독)

· 세종대왕기념사업회(2001), 『한국고전용어사전』, 2001.03.30.

- 시리코다마

  http://dic.naver.com/search.nhn?query=%EC%8B%9C%EB%A6%AC
  %EC%BD%94%EB%8B%A4%EB%A7%88&ie=utf8
- 아리랑이 '한(恨)'의 노래라구요? 아리랑 페스티벌 2010 현장 중계(작성자 문화체
  육관광부)
- 유네스코 무형문화유산 http://www.unesco.org/
- 일본의 도깨비: 강호시대

  http://terms.naver.com/entry.nhn?docId=934313&cid=43667&category
  Id=43667
- 중국의 도깨비: 산소

  http://terms.naver.com/entry.nhn?docId=1689847&cid=41880&categor
  yId=41880
- 코볼트

  http://terms.naver.com/entry.nhn?docId=1630474&cid=41882&cate
  goryId=41882
- 푸카 사진

  http://terms.naver.com/entry.nhn?docId=1630545&cid=41882&cate
  goryId=41882
- 픽시 사진

  http://terms.naver.com/entry.nhn?docId=1630557&cid=41882&cate
  goryId=41882
- 한국의 도깨비와 오니 사진

  http://www.ebs.co.kr/tv/show?prodId=10000&lectId=3120329 (역사채
  널e)
- 향토민요(鄕土民謠), 『한국민속문학사전: 민요편』, 국립민속박물관.

- 혹부리 영감 사진 https://www.youtube.com/watch?v=wzvYueaBHBU
- 홉고블린

  http://terms.naver.com/entry.nhn?docId=1630590&cid=41882&cate
  goryId=41882
- 홉고블린

  http://terms.naver.com/entry.nhn?docId=1642016&cid=41788&cate
  goryId=41797

저자 **김효신**

서울 출생
한국외국어대학교 이태리어과 및 동 대학원 졸업
영남대학교 국문학 박사(비교문학전공)
현재 대구가톨릭대학교 한국어문학부 한국어교육전공 주임 교수
저서로 『한국 근대문학과 파시즘』, 『시와 영화 그리고 정치』, 『이탈리아문학사』, 『세계30대 시인선』, 『문학과 인간』 등이 있으며, 역서로 『칸초니에레』가 있다. 대표 논저로는 「이상(李箱)의 시와 시대적 저항성」, 「르네상스 천재, 미켈란젤로의 서정시와 미적 갈등」, 「임화와 파솔리니의 시 비교연구」, 「1930년대 한국 근대시에 나타난 파시즘 양상 연구」, 「미래주의 선언과 한국 문학」, 「한국 근대 문화와 이탈리아 파시즘 담론: 1930년대를 중심으로」, 「동성애 코드, 파솔리니의 시와 정치 소고」, 「단눈치오와 무솔리니, 그리고 시적 영웅주의 연구」, 「한국 근·현대시에 나타나는 프로메테우스 수용양상 소고」, 「페트라르키즘과 유럽 문화 연구」, 「〈피노키오〉 문화에 대한 소고」, 「단테의 시와 정치적 이상」, 「문화 간 의사소통 문제와 한국문화 교육」, 「A. Baricco의 『노베첸토: 모노로그』와 G. Tornatore의 영화 〈피아니스트의 전설〉 비교연구」, 「이탈리아를 노래한 한국 시에 대한 연구」 외 다수가 있다.

한국문화 그리고 문화적 혼종성

© 김효신, 2018

1판 1쇄 인쇄__2018년 06월 10일
1판 1쇄 발행__2018년 06월 20일

지은이__김효신
펴낸이__양정섭

펴낸곳__도서출판 경진
　　　　등록__제2010-000004호
　　　　블로그__http://kyungjinmunhwa.tistory.com
　　　　이메일__mykorea01@naver.com

공급처__(주)글로벌콘텐츠출판그룹
　　　　대표__홍정표　편집디자인__김미미　기획·마케팅__노경민
　　　　주소__서울특별시 강동구 풍성로 87-6(성내동) 글로벌콘텐츠
　　　　전화__02) 488-3280　팩스__02) 488-3281
　　　　홈페이지__http://www.gcbook.co.kr

값 13,500원
ISBN 978-89-5996-575-5 93910

※ 이 책은 본사와 저자의 허락 없이는 내용의 일부 또는 전체의 무단 전재나 복제, 광전자 매체 수록 등을 금합니다.
※ 잘못된 책은 구입처에서 바꾸어 드립니다.